이집트

EGYPT

이집트

E G Y P T

이사벨라 모리스 지음 | 김익성 옮김

세계의 **풍습과 문화**가
궁금한 이들을 위한
필수 안내서

시그마북스
Sigma Books

세계 문화 여행 _ 이집트

발행일 2025년 3월 10일 초판 1쇄 발행
지은이 이사벨라 모리스
옮긴이 김익성
발행인 강학경
발행처 시그마북스
마케팅 정제용
에디터 최연정, 최윤정, 양수진
디자인 정민애, 김문배, 강경희

등록번호 제10-965호
주소 서울특별시 영등포구 양평로 22길 21 선유도코오롱디지털타워 A402호
전자우편 sigmabooks@spress.co.kr
홈페이지 http://www.sigmabooks.co.kr
전화 (02) 2062-5288~9
팩시밀리 (02) 323-4197
ISBN 979-11-6862-334-7 (04900)
　　　 978-89-8445-911-3 (세트)

CULTURE SMART! EGYPT

Cover image: Shutterstock
Shutterstock: 14 by marwa m. dakhakhny; 16, 20, 21 by AlexAnton; 18 by fogcatcher; 23(left and right) by M. Farouk; 120 by Bembo De Niro; 123 by MaguedM; 124 by Novie Charlene Magne; 131(left) by Viacheslav Lopatin; 131(right), 207(left) by Dina Saeed; 139 by Orhan Cam; 146 by leshiy985; 150 by Ebtikar; 157 by Moatassem; 160 by ebonyeg; 164 by Nataliya Derkach; 184 by rafik beshay; 191 by John Wreford; 195 by ebonyeg; 198 by Kozlik; 201 by Tunatura; 202 by Melnikov Dmitriy; 204, 234 by Sun_Shine; 207(right) by hussein farar; 212 by Matyas Rehak; 213 by Emily Marie Wilson; 236 by Thomas Wyness; 276 by Ibnburhan; 283 by Emad Omar Farouk; 289 by Fedor Selivanov.
Unsplash: pages 14, 189 by Alex Azabache; 86 by ARTISTIC FRAMES; 144 by Flo P; 181 by Khaled Ghareeb; 224 by Noel Schlafli; 252 by Omar Elsharawy.
Creative Commons Attribution-Share Alike 4.0 International license: page 34 © Moh hakem; 36 © Jose Luiz.

이집트 전도

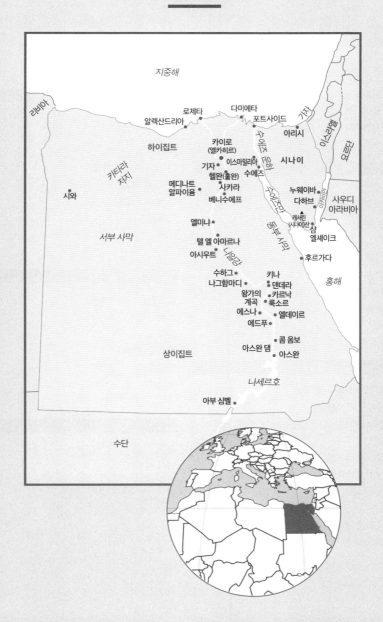

지중해

리비아

하이집트

카타라 자지

시와

서부 사막

상이집트

로제타
알렉산드리아
다미에타
포트사이드
가자

카이로
(엘카히르)
이스마일리아
아리시
시나이
수에즈 운하

기자
헬완(훌완)
수에즈
누웨이바
다하브
사우디
아라비아

메디나트
알파이용
사카라
베니수에프

엘미냐

텔 엘 아마르나
아시우트

수하그
나그함마디
키나
덴데라
카르낙
룩소르
엘데이르

왕가의
계곡
에스나
에드포

콤 옴보
아스완 댐
아스완

나세르호

아부 심벨

수단

나일강

수에즈 만

아부 산맥

캐서린
시나이산
엘세이크

후르가다

홍해

차 례

- 이집트 전도   005
- 들어가며   008
- 기본정보   011

01 영토와 국민

지형   015
기후   019
주요 도시   022
국민   024
이집트인의 정체성   025
간추린 이집트 역사   031
타흐리르 광장과 그 너머   067
정부와 정치   076
경제   078

02 가치관과 태도

사회적 지위와 사회 구조   092
이집트인의 자부심   097
사회적 관계망   099
종교   102
여성에 대한 태도   108
인샬라, 신의 뜻대로   112
뒷돈 경제   114
와스타   115
관용과 편견   116
유머 감각   117

03 풍습과 전통

달력   121
국경일   122
라마단   122
그 밖의 종교 공휴일   129
세속 공휴일   134
그 밖의 기념일   137
마울리드   138
미신   140

04 친구 사귀기

외국인을 대하는 태도   147
인사   149
환대   152
집에 초대받기   153
예절   155
데이트   156

05 일상생활

가정   162
아이 키우기   164
가족 행사   170
일상생활   177

06 여가생활

나일강	185
즐거움을 위한 쇼핑	187
문화 활동	190
여가	199
외식	203
배달 서비스	210
식사 예절	210
아흐와	211
음료	213
밤 문화	217
스포츠	219
도시 밖으로	220

07 여행 이모저모

도로와 교통	225
현지 교통편	233
지하철과 트램	233
마이크로버스	235
도시 간 여행	239
숙박	242
건강	246
안전	247

08 비즈니스 현황

비즈니스 환경	254
근무일	255
관료제	256
비즈니스 문화	257
사업상의 '기름칠'	260
이집트 표준 시간	261
비즈니스 예절	262
정부와의 거래	267
프레젠테이션	268
협상	270
계약	271
직장 여성	272
업무 공간	272
친구 사귀기	273

09 의사소통

언어	277
예의범절	279
미디어	283
각종 서비스	284
결론	289

• 유용한 앱	291
• 참고문헌	292

이집트라고 하면 텅 빈 사막을 배경으로 우뚝 솟은 거대한 피라미드와 스핑크스 사진을 떠올리는 사람이 많다. 하지만 이런 유적은 널리 알려져 있긴 하지만 고대 이집트라는 찬란한 문명이 남긴 수많은 보물 가운데 아주 작은 부분에 불과하다. 수천 년 동안 나일강의 비옥한 강둑은 사람이 모여 사는 터전이었고, 이집트는 그 역사 내내 자신과 마주쳤던 수많은 다른 문화와 서로 영향을 주고받았다. 그리스, 로마, 페르시아, 아랍은 모두 신전과 교회와 사원이라는 놀랄만한 유산의 형태로 현대 이집트 사회에 그 발자취를 남겼다.

언뜻 보면 현재의 이집트는 제멋대로인 데다가 어수선한 곳으로 보인다. 소리는 시끄럽게 뒤섞이고 냄새는 지나칠 정도로 다채로우며 볼거리는 정신없이 눈이 돌아갈 정도로 많다. 그 자리에서는 이 모두가 부담스럽게 여겨질 수도 있다. 고대 교회의 돔과 중세의 미너렛이 여러 패스트푸드 체인점과 인터넷 카페와 한자리에 모여 있다.

여러 정복자나 수많은 학자와 예술가에게 영감을 주었던 이 나라는 1억 1,300만 명이 살아가는 삶의 터전으로, 이집트인은 자기 나라를 옴 에두니아^{Omm Eddunia}, 즉 "이 세계의 어머니"라고 부른다. 이집트가 가진 진정한 재산은 바로 이런 사람이다. 이집트인은 천성적으로 친절하고 유쾌하며 따뜻하고 낯선 이를 환대한다. 유머 감각이 뛰어난 것으로 유명하지만 또 아주 완고하며 자존심도 강하다. 좋은 인간관계를 맺는 일은 이집트인의 가치관에서 매우 중요한 자리를 차지한다. 이들에게는 사람이 시간이나 돈보다 더 중요하다.

여러 개발도상국에서와 같이 전통적이면서 상당히 보수적인 이집트 사회에서 근대화로 영향을 받은 측면은 특정한 부분에 지나지 않는다. 새로 닦은 훌륭한 고속도로를 달릴 수도 있지만, 시골에는 여전히 비포장도로가 즐비하다. 요즘 유행에 따라 꾸며 놓은 카페의 텔레비전에서 최근 열린 축구 경기나 뮤직비디오가 흘러나오지만, 또 확성기에서는 하루에 다섯 번 기도 시간을 알리는 소리가 울려 퍼진다. 이집트인이라면 누구나 제 나름의 방식으로 변화에 대처하면서 전통적 가치를 지키려고 애쓰며 살아간다.

『세계 문화 여행_이집트』에서는 이 나라가 2011년 이집트 혁명의 여파와 그 후 코로나-19 팬데믹으로 야기된 변화에 어떻게 대처하고 있는지를 보여준다. 2011년에 일어난 혁명은 국민이 희망했던 사회정치적 개혁으로까지 이어지지 않았고, 코로나-19 팬데믹은 이 나라의 사회경제적 여건에 큰 영향을 미쳤다.

이 책에서는 이집트인의 삶에 담긴 관례와 그 역설을 살펴본다. 아울러 간략하게나마 이집트의 역사를 훑어보고 어떤 힘이 이집트인의 감수성을 형성해 왔는지를 살핀다. 또한 이집트인의 가치관과 태도를 설명하고 지역의 관습과 전통을 보여준다. 이 책은 이집트인이 집에서 어떻게 생활하고 외국인 여행자와 어떻게 교제하는지를 비롯해서 이집트인의 일상생활을 생생하게 보여준다. 또한 친구 사귀는 법에서 무례를 범하지 않는 법에 이르기까지 실제 도움이 될 정보도 담았다.

『세계 문화 여행_이집트』는 진부한 표현을 넘어 진짜 사람을 만나게 해줌으로써 당신의 첫 번째 이집트 여행을 최대한 풍성하게 만들어 줄 것이다. 이집트에 오신 것을 환영합니다. "아흘란 와 싸흘란!"Ahlan wa Sahlan (아랍어로 '어서 오세요', '환영합니다'라는 뜻 – 옮긴이)

공식 명칭	이집트 아랍 공화국	아랍연맹과 아프리카연합 회원국
수도	카이로	인구 약 770만 명 (카이로 광역시 지역 제외)
주요 도시	알렉산드리아, 포트사이드, 수에즈, 아시우트	
인구	1억 1,300만 명	인구성장률: 1.67%
민족 구성	이집트인 95%. 소수민족으로 시와 오아시스 지역의 베르베르인, 남(南)나일 지역의 누비아인, 기타 베두인인과 콥트인이 전체 인구의 5%를 차지	
연령 구성	0~14세: 33% 15~54세: 62% 65세 이상: 5%	
면적	100.1만km²(남한의 약 10배)	
지리	아프리카 대륙 북동쪽 끝에 위치. 리비아, 수단, 이스라엘 및 가자지구와 국경을 맞대고 있다.	4대 지역: 나일강 삼각주 및 계곡 지역, 서부 사막 지역, 동부 사막 지역, 시나이반도
지형	사막 고원 지형으로 나일강 계곡과 삼각주 지역을 중심으로 동서로 구분	나일강이 국토를 종단하다 카이로에서 분기하여 삼각주를 형성
기후	여름에는 고온 건조하고 겨울에는 온화	
천연자원	석유, 천연가스, 철광석, 인, 망간, 석회석, 석고, 활석, 석면, 납, 아연	
종교	힌두교 79.8%, 이슬람교 14.2%, 기독교 2.3%, 시크교 1.7%, 불교 0.7%, 자이나교 0.4%, 기타 0.9%	
통화	이집트 파운드(LE 또는 EGP로 표기)	

언어	아랍어. 식자층에서는 영어와 프랑스어가 널리 통용	
종교	대부분이 수니파 이슬람. 기독교인은 약 10% 정도로 대부분 콥트 정교회 신도	
소수 종교	시아파 이슬람, 그리스 정교와 기타 기독교, 바하이교, 유대교	
정부	공화국으로 양원제 의회. 국가수반은 대통령으로 임기는 6년이며 일반투표로 선출	
언론매체	일부 TV 채널 및 신문은 국영이며, 다양한 민간 위성 채널이 있음	3대 주요 국영 일간지로는 〈알 아흐람〉, 〈알 아크바르〉, 〈알 곰후리야〉가 있고, 〈알 마스리 알 요움〉은 민영 일간지
전압	220V, 50Hz	둥근 핀 플러그가 필요하며 정전과 부하 차단이 빈번하다.
DVD/비디오	TV/비디오는 팔(PAL) 방식, DVD는 유럽지역	
인터넷 도메인	.eg	
전화	국가번호 20	이집트에서 국제전화를 하려면 00 + 20(국가번호)을 누른다.
시간대	우리나라보다 7시간 느리다(매해 여름 섬머타임을 실시하면 8시간 느림).	

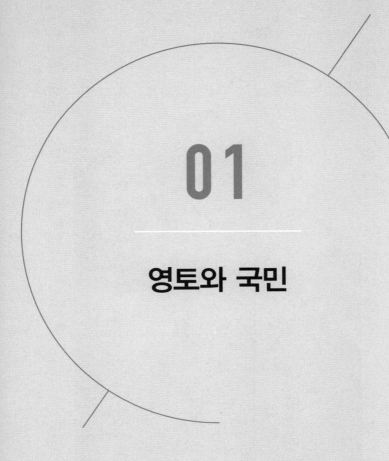

01

영토와 국민

오늘날의 이집트는 옛것과 새것이 한데 뒤섞인 사회다. 그 덕에 여행자는 여러 감각을 자극하는 다양한 경험을 맛보게 된다. 그중에서도 가장 중요한 건 나일강이다. 고대 이집트 문명이 나일강을 중심으로 발전했고 지금까지도 이집트인 대부분이 나일강둑에 자리 잡은 크고 작은 도시에 살고 있다는 점에서 나일강은 여전히 중요한 역할을 하고 있기 때문이다.

지형

지난 수천 년 동안 이집트의 고대 유적과 유물이 여행자의 마음을 사로잡았지만, 오늘날의 이집트는 옛것과 새것이 한데 뒤섞인 사회다. 그 덕에 여행자는 여러 감각을 자극하는 다양한 경험을 맛보게 된다. 그중에서도 가장 중요한 건 나일강이다. 고대 이집트 문명이 나일강을 중심으로 발전했고 지금까지도 이집트인 대부분이 나일강둑에 자리 잡은 크고 작은 도시에 살고 있다는 점에서, 나일강은 여전히 중요한 역할을 하고 있기 때문이다. 여행자는 흔히들 상ᐢ이집트와 하ᐡ이집트라는 말이 각각 이집트 북부와 남부를 가리키는 것으로 오해하곤 한다. 하지만 나일강은 해발고도가 높은 남쪽에서 해발고도가 낮은 북쪽으로 흐르기 때문에 실제로는 남쪽이 상이집트고 북쪽이 하이집트다.

아프리카 대륙 북동쪽 끝에 자리한 이집트는 서쪽으로는 리비아, 남쪽으로는 수단, 동쪽으로는 이스라엘과 팔레스타인 자치 지역인 가자 지구와 국경을 맞대고 있다. 지중해와 수에즈만 그리고 아카바만을 아우르는 해안선은 그 길이가 2,900km에 이르며, 북쪽으로는 리비아, 키프로스, 그리스, 터

키, 동쪽으로는 요르단, 사우디아라비아와 영해를 접하고 있
다. 수에즈 운하가 지중해와 천연적인 동쪽 국경인 홍해를 이
어 주는데, 이 홍해 지역은 아프리카에 속한 이집트 국토의 대
부분과 달리 아시아에 속한다.

이집트는 해수면보다 평균 15.24m 낮은 지역에 자리 잡고
있다. 가장 높은 곳은 캐서린 산으로 해발고도가 2,642m이며,
가장 낮은 곳은 카타라 저지로 해수면보다 132.83m가 낮다.

이집트는 크게 네 지역으로 나뉜다. 이 가운데 셋은 나일강
에 접한 지역으로 나일강 계곡과 나일강 삼각주 지역을 비롯

나일강의 전통적인 펠루카

해 서부 사막 지역과 동부 사막 지역이다. 나일강 계곡 지역은 둥근 호 또는 부채 모양을 띠고 있어서 흡사 연꽃처럼 보이기도 하는데, 고대 이집트에서는 연꽃이 생명의 부활을 상징했다. 좁고 기다란 나일강 계곡이 줄기라면, 물잔 모양으로 넓게 펼쳐진 삼각주가 꽃봉오리고, 파이윰 인근 지역은 새싹에 해당한다. 나일강은 지중해로 흘러든다.

네 번째 지역은 시나이반도로 수에즈 운하 동쪽에 있다.

나일강 삼각주는 세계 최대의 삼각주 가운데 하나로 면적은 약 2만 2,000km²에 이른다. 나일강 삼각주는 카이로에서 강을 따라 살짝 내려간 지역에서 시작해서 알렉산드리아 동쪽까지 160km를 이어지다가 동쪽의 포트사이드에 이르는 240km의 지중해 해안선을 따라 넓게 펼쳐져 있다. 이 지역은 비옥한 토양 덕분에 농업이 번성했지만, 오늘날 이곳 토지의 생산력은 범람원이 자연적으로 쌓아 놓은 토양이 아니라 화학 비료와 농약에 크게 기대고 있다.

나일강 계곡은 1,000km에 걸쳐 좁고 길게 뻗은 농경지로 카이로에서 시작해서 아스완에 이른다. 이 지역은 세계 최대의 야외 박물관이자 고대 무덤과 신전이 지천으로 늘어서 있는 보고이기도 하다. 가장 눈에 띄는 볼거리는 아스완 하이 댐

시나이 산의 일출

으로 인간이 만든 것으로는 세계 최대 규모다.

　나일강 계곡에서 리비아까지 펼쳐진 서부 사막 지역은 67만 1,000km²로 이집트 국토에서 가장 넓은 면적을 차지하며 광물 자원이 풍부하다. 가혹할 정도로 무더운 곳이지만 점점이 이어진 녹색 오아시스가 이 열기를 잠시나마 식혀 준다. 그런 오아시스 중에서 리비아 국경 근처에 있는 시와 오아시스가 가장 크다.

　동부 사막 지역은 나일강 동쪽 사하라 사막의 일부로 홍해에서 수에즈 만까지 뻗어 있다. 이 지역은 이집트 국토 면적의 거의 4분의 1을 차지하는 메마른 고원 지대로 동쪽 끝에서는 절벽과 산이 들쑥날쑥하게 나타나기도 한다. 역사적으로 볼 때 이 지역은 무역로로 사용되었으며, 준 귀금속이 채굴되기도 했다. 오늘날에는 주로 석유와 가스가 채굴된다.

시나이반도는 수에즈 운하 동쪽에 자리한 삼각형 쐐기 모양의 넓은 지역으로, 반도 남쪽은 캐서린 산을 포함한 산악 지형으로 이루어져 있다. 지중해 쪽을 향해 북쪽으로 가면서 지형이 평탄해진다.

기후

이집트 국토의 96%는 광막하고 거의 불모지나 다름없는 평평한 사막 고원 지형이다. 비옥한 나일강 계곡 및 삼각주 지역이 국토를 갈라놓고 있지만 그 넓이는 전체 국토 면적의 4%에 지나지 않는다. 그 결과 이집트의 기후는 대체로 고온 건조하다. 봄은 4월 한 달로 짧고 여름은 5월부터 9월까지 이어진다. 10월 한 달 가을이 짧게 지나면 11월부터 3월까지 겨울이 이어진다. 알렉산드리아나 라파 같은 동지중해 연안의 이집트 북

술탄 하산 모스크가 전면에 보이는 카이로 역사 지구

부 몇몇 도시에서만 겨울비가 내리고, 이때만 무더운 날씨에서 잠시 벗어날 수 있다. 시나이반도의 산악 지역은 대체로 밤 기온이 낮다. 주로 북풍이 불어 북쪽의 기온은 비교적 온난한 편이지만, 사막 내부에서는 편히 쉴만한 곳이 거의 없으며 여름밤은 대체로 무덥다.

　매년 4월 말 무렵에는 50여 일에 걸쳐 캄신(아랍어로 50을 뜻한다)이라는 모래투성이의 건조한 계절풍이 분다. 이 모래폭풍이 특히 심하게 불 때는 실내에 머무는 게 제일 좋다고 알려져 있긴 하지만, 창문이나 문을 아무리 잘 막아 두더라도 어떻게든

카이트베이 맘루크 성채 근처의 알렉산드리아 항구

미세한 먼지가 집안으로 새어 들어와 표면에 켜켜이 쌓인다.

이집트의 평균 기온은 겨울철 14도에서 여름철 30도 사이에 있다. 내륙으로 가면 기온이 더 극단적으로 변해 겨울철에는 7도까지 떨어지고 여름철에는 43도까지 치솟는다. 해안 지역에서는 여름철 바다에서 불어오는 미풍으로 한숨 돌릴 수 있지만 여기에는 습기라는 대가가 따른다. 이런 습기는 내륙의 타는 듯한 건조한 열기만큼이나 심신을 지치게 만들기도 한다.

주요 도시

이집트의 수도 카이로는 활기 넘치는 도시로 '천 개의 미너렛을 가진 도시'로 유명하다. 카이로는 기자의 피라미드 지구와 스핑크스 그리고 이집트 고고학 박물관을 비롯해 세계에서 가장 기념비적인 건축물 여럿을 품고 있다. 문화 전통에서부터 교통수단과 건축물에 이르기까지 카이로에는 옛것과 새것이 나란히 존재한다.

이집트 남부 나일강둑에 자리한 룩소르는 역사가 '테베'로 기록한 도시로 고대 역사가 흘러넘친다. 이 도시에서는 수많은 파라오가 묻혀 있는 왕가의 계곡을 답사하거나 굉장히 멋진 카르나크과 룩소르의 여러 신전을 방문할 수 있다.

'나일강의 보석'으로 불리는 아스완은 이집트 남부에 있다. 이곳에서는 배를 타고 필레 섬 신전 지구를 방문하거나 다채로운 지역 시장과 상점가를 둘러볼 수 있다.

지중해 연안에 자리한 알렉산드리아는 흥미로운 역사와 매력적인 문화유산이 가득한 항구 도시다. 이 도시에서는 고대에 만들어진 지하 묘지를 답사하거나 신新 알렉산드리아 도서관을 둘러볼 수 있으며, 이 도시의 수변 산책로를 천천히 거닐

델타 지역에서 수확 중인 두 농부

어 볼 수도 있다. 알렉산드리아는 해산물로도 유명하다.

시나이반도의 남쪽 끝에 자리한 샤름엘셰이크는 인기가 높은 휴양지로, 해변이 아름답고 바다가 맑고 푸르기로 유명하다. 이곳에서는 스노클링이나 스쿠버다이빙을 즐기면서 산호초를 탐험하거나 인근 사막에서 낙타 타기를 체험할 수 있다.

관심사가 고대 유적을 답사하는 것이든, 아름다운 해변에서 휴식을 취하는 것이든, 아니면 지역 문화를 체험해보는 것이든, 이집트의 여러 도시에서는 여행자라면 누구나 원하는 것을 찾을 수 있다.

국민

이집트는 중동/북아프리카 지역에서 가장 인구가 많고 인구밀도 또한 높은 국가로, 인구는 약 1억 1,300만 명으로 추산된다. 이집트 국민은 대부분 나일강 인근에 거주하며 그 절반이 도시 지역에 산다. 인구가 빠르게 증가하면서 크고 작은 도시가 급성장한 바람에 소중한 농경지가 파괴되었고, 이렇게 크게 성장한 서민의 사회 경제적 요구가 늘어나면서 이집트 정부에 여러 가지 과제를 안기고 있다.

도시 이외 지역에 거주하는 이집트 국민은 주로 농업에 종사하며, 이들이 거주하는 마을은 대부분 수원지나 운하, 관개 용수로 부근에 자리하고 있다. 이들 농부를 팔라(복수로는 '펠라힌')라고 한다. 하지만 이 말과 관련해서 이 지역의 복잡한 사정을 이해하지 못하는 외국인이라면 이 말을 쓰지 않는 편이 낫다. 이 말은 누가 누구에게 하는지에 따라 사회적으로 용인되는 때도 있고 모욕으로 여겨지는 때도 있기 때문이다. 카이로 남쪽의 나일강 계곡 인근에 거주하면서 농업 부문에 종사하는 상이집트인을 가리켜 '사이디'라고 부르기도 한다. 사막에 거주하는 이집트인으로는 베두인인이 있으며 이들은 원래 아랍인과 베르베르인의 후손이다. 누비아인은 이집트 남쪽 끝에 모여 산다.

이렇게 인종적으로 다양하더라도 이집트 국민은 비교적 응집력 있는 사회를 이루고 있다. 인구의 90%가 이슬람교도다 보니, 바로 이 이슬람교가 공동체의 통일성을 유지하고 있기 때문이다.

이집트인의 정체성

드넓은 이집트 국토의 대부분이 아프리카 대륙에 놓여 있기는 하지만 이집트인은 아프리카 대륙에 자리한 다른 나라 국민 대부분과 달리 자신을 아프리카인으로 생각하지 않는다. 오히려 이집트인이 자신에 대해 가지고 있는 이미지는 아랍민족주의와 이슬람교와 자신을 동일시함으로써 형성된다.

오스만 제국 지배기 내내 오스만인과 유럽인은 너나없이 이집트나 수단처럼 아랍어를 쓰는 피지배 국가의 국민을 일컬어 아랍인이라고 불렀다. 이집트인이라는 집단의식과 함께 한 나라의 국민이라는 의식은 1860년 이후에 이집트 민족주의가 발흥하면서 비로소 싹트기 시작했다. 영국과 프랑스에 의한 사실상의 통치에 반대하기 위한 것이었다.

오스만 제국의 총독이었던 타우피크 파샤의 친(親)유럽 정권에 대한 분노와 불만이 1879~1882년에 걸친 우라비 혁명의 도화선에 불을 붙였다. 이 봉기는 이집트 육군 대령이자 전직 수상이었던 아흐메드 우라비가 주도한 것으로, 우라비는 이집트 국민에게 제국과 식민모국이 부여한 정체성을 거부하고 스스로를 '마스르 사람'(이집트인)으로 생각하라고 촉구했다. "이집트인을 위한 이집트"라는 슬로건 아래 펼쳐진 봉기인 우라비 운동은 이집트에서 벌어진 최초의 주요 반식민 민족주의의 사례였다.

1882년에 우라비 봉기가 진압되고 영국이 이집트를 통치하게 되자, 이집트의 민족주의 세력은 민족과 영토를 기반으로 한 세속적 형태의 민족주의를 지지했다. 이런 민족주의는 기독교와 이슬람교 이전에 번성했던 고대 이집트 문명인 파라오 시대 문화의 유산을 떠올리게 했다.

파라오니즘 또는 파라오주의는 제1차 세계대전과 제2차 세계대전 사이의 기간 내내 반식민주의 운동가 사이에서 국민 정체성을 표현하는 지배적 수사가 되었다. 이들 운동가는 아랍민족주의 정서를 거부했고 이집트인이 아랍 민족의 일부라고도, 이집트 국토가 아랍 세계의 일부라고도 생각하지 않았다. 1918년 이집트 민족주의 지도자였던 사드 자글룰은 프랑스 베르사유에서 아랍 대표단을 만났고, 이 자리에서 이집트와 아랍의 투쟁이 서로 무관하다고 역설했다. 즉 이집트의 문제는 이집트인의 문제일 뿐이며 아랍인의 문제가 아니라는 것이었다.

하지만 아랍 세계의 다른 여러 나라에서 비슷한 독립 투쟁이 진행되고 있었기에 이집트에서도 범아랍 이슬람이라는 정치적 정서가 타오르기 시작했다. 여기에는 이집트인이 주변 국가, 특히 인근 팔레스타인 지역에서 시오니즘의 발흥에 대해 느끼고 있던 연대 의식이 작동했다. 이런 여러 요인이 이집트 국왕 파루크 1세와 수상 무스타파 엘나하스의 공감을 불러일으켰고, 무슬림형제단 같은 이슬람 운동의 공감 또한 얻어 냈다.

1940년대까지 이집트는 자기 영토에 기반한 이집트 민족주의를 지지하면서 범아랍주의와는 거리를 두고 있었다. 하지만 1941년에 이라크가 추축국 세력에 가담하는 사태를 예방한다는 명분으로 영국이 이라크를 재점령했고, 이런 이라크 재점령

사태로 아랍 세계 전역에서 분노가 끓어올랐다. 범아랍 정서가 발흥했고, 이는 1942년 이집트에서 아랍연합 클럽이 결성되는 결과로 이어졌다. 이 클럽의 목적은 이집트와 아랍 세계 간의 유대를 더욱 공고히 다지는 것이었다. 이집트 수상이었던 무스타파 엘나하스는 이 클럽의 선언문을 채택하면서 아랍 국가의 권리와 이익을 대변하고 하나의 아랍이라는 이념을 검토하는 일에 힘을 쏟았다.

1954년에 이집트 대통령이 된 가말 압델 나세르는 이집트의 와타니야(애국심)와 아랍의 카우미야(민족주의) 사이에 어떤 모순도 없다고 생각했다. 모든 아랍 국가가 비슷한 반제국주의 투쟁을 겪었기 때문이었다. 나세르는 아랍 국가 사이의 연대가 각국의 독립을 위한 지상명령이라고 생각했고, 이에 따라 아랍 민족주의가 국가의 방침이 되었다. 1958년에 이집트와 시리아는 통일 아랍 공화국을 만들었고, 이 나라는 1961년까지 지속되었다. 하지만 이집트는 이집트 아랍 공화국이라는 현재의 정식 명칭을 채택한 1971년까지 이 명칭을 유지했다.

아랍민족주의라는 나세르의 구호가 이집트 사회에 깊숙이 뿌리내리지는 못했다. 하지만 아랍 세계와 연대는 유지되었고, 이집트는 자신이 아랍 세계라는 더 넓은 이 문화 집단을 이끄는 지도국이라고 생각했다. 나세르는 이집트의 주권뿐만 아니라 아랍 세계 공통의 대의에 대한 주도적 역할을 강조했다. 1970년 나세르 대통령 사후 그 후임자로 안와르 알 사다트가 취임했다. 사다트 대통령은 외국인 투자를 환영하고 이스라엘과 평화조약을 체결하면서도 정책 전반에 걸쳐 더욱 이집트 중심적인 방향을 공고히 다져 나갔고, 자신의 책임은 오로지 이집트와 이집트인의 문제에만 있다는 사드 자글룰의 주장을 재확인했다. 하지만 범아랍 정서를 뿌리 뽑으려는 사다트의 노력에도 불구하고, 그리고 구체적으로는 국민 여론에 반대를 무릅쓰고 이스라엘과 평화조약을 체결했다는 이유로, 이집트 내부에서는 아랍민족주의가 여전히 위세를 떨치고 있었다.

사다트의 후임자였던 호스니 무바라크 대통령은 파라오주의가 이집트인의 정체성을 떠받치는 토대라고 강조했다. 범아랍 연대를 추진하기보다는 테러리즘에 반대한다는 태도를 보임으로써 서구권에서 큰 인기를 누렸다.

2011년에 이 지역 전체에서 "아랍의 봄" 사태가 발발했고, 이집트에서도 혁명이 일어났다. 무바라크 대통령이 실각한 이후 그의 후임자로 짧은 기간 동안 재직했던 모하메드 무르시 대통령은 내치 문제로 매우 바빴고 주변 국가에서 발생한 급변 사태에 관여할 기회가 거의 없다시피 했으며, 이런 상태에서 지역의 아랍 연대를 지지하는 시위대와 맞서야 했다. 그리고 이는 그의 죽음을 불러온 여러 요인 가운데 하나였다.

무르시 대통령의 후임인 압델 파타 엘시시 대통령은 새로운 공화국의 발전에 초점을 맞췄다. 이는 기본적으로 혁신과 교육과 사회 정의를 통해 경제 부흥을 이끌겠다는 것이었다. 이는 정체성 문제와 별다른 관련이 없었고 사회 기반 시설 구축 계획이나 (지역과 국제적인)투자자와의 관계와 더 큰 관련이 있는 것이었다.

오늘날, 이집트가 아랍 세계에서 중심적인 역할을 하고 있음을 지적하면서 이집트의 정체성과 아랍의 정체성 사이에 연관성이 있음을 강조하는 이집트인도 있다. 하지만 이집트의 고대 유산과 문화와 오랜 세월 독립 국가로 존속해 왔다는 사실에 더 큰 무게를 두면서 아랍민족주의를 비롯한 범아랍 민족주의 정책의 실패를 강조하는 이들도 있다. 이집트의 정체성이 무엇인지에 대해서는 확고한 합의가 없지만, 이집트가 아랍 세계 전역에서 문화적으로 영향력을 행사할 수 있는 위치를 여전히 유지하고 있다는 사실에는 이론의 여지가 없다.

간추린 이집트 역사

이집트 문화는 수천 년에 걸쳐 매우 다른 수많은 사회와 문명과 접촉하면서 그 영향을 받았다. 하지만 고대부터 현재에 이르기까지 이집트는 대체로 농업이 중심인 사회였고 나일강은 이 강이 없었더라면 불모의 사막에 불과했을 땅에 물을 공급하는 풍요의 젖줄이었다. 고대 이집트인과 현대 이집트인은 서로 연결되어 있고 이런 연결은 끈질기게 이어지는 전통과 태도에 메아리치고 있다.

그 역사를 살펴보면 이집트는 강대국으로 부상해 이웃 국가를 문화적으로나 정치적으로 지배한 적도 있고, 복속까지는 아니더라도 이웃 국가의 그림자에 가려졌던 때도 있었다. 하지만 최근까지 이 나라의 비옥한 땅 덕분에, 조건만 적절하다면 어려운 시기가 길게 이어지지 않았고 어떻게든 문화적으로나 정치적으로 주도적인 역할을 다시 맡을 수 있었다. 한때는 지배하는 제국이었다가 다른 때는 수탈당하는 속국이 되기도 했다. 이렇게 빈번하게 그 역할이 뒤바뀐 일은 그 역사에서 이집트인의 정신에 영향을 미친 또 다른 중요 측면이기도 하다. 이집트인은 여러 나라 중에서 이집트가 주도적 역할을 다시

맡게 되는 건 그저 시간의 문제일 따름이라고 여기는 경향이
있다.

【 고대 이집트 (기원전 6000년~기원전 323년) 】

고고학적 증거가 보여 주는 바에 따르면 나일강둑을 따라 원
시적 농경이 시작된 건 적어도 기원전 1만 년 전부터인 것으
로 보인다. 기원전 8000년 경에 기후가 바뀌면서 북아프리카
의 넓은 지역이 건조해졌고, 이 때문에 목축민 집단이 어쩔 수
없이 나일강 계곡으로 모여들어 선진적인 농업 공동체의 발전

기원전 1200년경 센네젬 무덤 벽화에서 농부가 쟁기질하는 모습

을 부추겼다. 지금까지도 이집트인은 나일강에 면한 지역에 살고 있으며, 다른 인구 중심지로 가려면 동서로 수백 km에 걸쳐 펼쳐져 있는 사막이 가로막고 있다.

약 기원전 6000년 무렵, 이집트인은 곡물을 기르고 가축을 치면서 대형 건축물을 짓고 금속으로 만든 도구를 사용하기 시작했다. 기원전 4000년 무렵에는 인근 지역과 교역이 이루어지고 있었고 이미 최초의 상형문자를 만들어 냈다. 이 천년의 기간이 끝나갈 무렵, 이집트에는 북이집트(하이집트)와 남이집트(상이집트)라는 별개의 국가가 따로 존속했다. 기원전 3100년 무렵에는 상이집트의 군주였던 파라오 나르메르(또는 메네스)가 하이집트를 정벌해 최초로 이집트를 통일했으며 그를 비롯해 그의 후손이 고대 이집트 제1왕조를 세웠다.

파라오를 기준으로 볼 때, 이집트의 역사는 관례에 따라 보통 31개의 왕조로 구분한다. 나르메르의 제1왕조가 고대 이집트 역사를 열었다면 제31왕조는 알렉산드로스 대왕이 이집트를 정벌했던 기원전 332년에 그 막을 내렸다. 역사학계에서는 대체로 이런 여러 왕조를 몇 개씩 묶어 세 개의 왕국으로 정의한다. 제3왕조에서 제6왕조까지를 묶어 고왕국으로, 제11왕조에서 제13왕조까지를 묶어 중왕국으로, 제18왕조에서 제20

왕조까지를 묶어 신왕국으로 부르며, 제25왕조에서 제31왕조까지를 묶어 말기 왕조로 칭한다. 세 왕국은 각각 대략 4세기에서 5세기에 걸쳐 이어졌다. 이 기간에 이집트를 통치했던 여러 파라오와 이들이 세운 기념비적 건축물은 오늘날 우리에게 가장 친숙한 것들이다.

앞의 세 개의 왕국에 포함되지 않는 여러 왕조는 대부분 내란을 겪으면서 분열되었던 시기이거나 아니면 나라의 일부나 전체가 다른 나라의 지배를 받던 시기였다. 특히 신왕국이 멸망한 이후에 세워진 몇몇 왕조는 외국의 왕조였고, 나약한

기자의 대피라미드 앞에 있는 스핑크스

이집트의 통치자는 리비아, 누비아, 아시리아, 페르시아인이 세운 왕조에 이집트의 지배권을 넘겼다.

【 그리스 - 로마 시대(기원전 332년~기원후 330년) 】

기원전 332년에 알렉산드로스 대왕에 세운 거대한 제국에 복속되면서 이집트는 이후 거의 천 년에 걸쳐 그리스의 영향력 아래 놓이게 되었다. 기원전 323년에 알렉산드로스 대왕이 사망하자, 그리스에서 인도 북부 지역까지 넓게 펼쳐져 있던 제국은 무너져 내리기 시작했다. 이집트는 알렉산드로스 대왕과 아주 가까운 사이였던 마케도니아 장군 프톨레마이오스가 다스리는 독립 왕국이 되었다. 프톨레마이오스는 기원전 350년에 스스로 왕의 자리에 올랐고 이에 따라 프톨레마이오스 왕조가 세워지면서 이집트는 다시 한번 제국의 중심이 되었다.

프톨레마이오스 왕조(기원전 323년~기원전 30년)

알렉산드로스 대왕은 사망하기 전에 이집트에서 그리 많은 시간을 보내지는 않았지만, 알렉산드리아라는 도시의 토대를 마련했다. 프톨레마이오스 왕조는 알렉산드리아를 새 왕조의 수도로 삼았고 수 세기 동안 알렉산드리아는 고대 최대의 도시였다. 널리 알려진 파로스 섬 등대는 고대 세계 7대 불가사의 중 하나였고, 알렉산드리아의 대도서관은 나랏돈으로 설립된 최초의 학술 기관으로 헬레니즘 세계 전역에서 많은 학자가 이곳으로 모여들었다.

프톨레마이오스 왕조의 여러 왕은 이집트의 관습과 복식을 따랐고 이집트인이 믿는 신들의 신전을 세워 고대 파라오가 했던 역할을 맡았다. 그렇지만 수천 명의 그리스인이 이집트로 이주하면서 두 가지 문화가 동시에 자리 잡았다. 왕과 그리스 이민자 집단은 특권을 누렸고 부유한 이집트인 계층과 함께 그리스어를 사용하는 그리스-이집트 사회를 세웠다. 반면 특히 상이집트 지역에서 농업에 종사했던 사람 대부분은 별다른 영향을 받지 않았다. 이렇게 이질적 문화를 가진 다른 나라 출신이 특권적 지배계층으로 등장하는 일은 이집트 역사 전반에 걸쳐 다양한 해외 세력이 번갈아 이집트를 통치하면서 반복적으로 나타나는 현상이기도 하다.

이집트 여왕
클레오파트라 7세의 흉상

기원전 3세기와 4세기에 이르는 기간 대부분에 프톨레마이오스 왕조 치하의 이집트는 동지중해 지역의 강대국 중 하나였다. 하지만 기원전 2세기에 들어서면서 왕실의 인척이 서로 왕이 되겠다고 다툼을 벌이게 되고 이에 따른 내정 불안으로 힘을 잃어 갔다. 이 무렵 지중해 지역에서 지배력을 행사하는 나라는 로마였다.

프톨레마이오스 왕조의 마지막 여왕이 바로 그 유명한 이집트 태생의 클레오파트라 7세였다. 클레오파트라 7세는 처음에는 율리우스 카이사르의 연인이었다가, 카이사르 사후에는 그때까지 계속 이어지고 있던 로마 내전에서 마르쿠스 안토니우스의 연인이자 조력자가 되어 로마 정치에 개입했다. 클레오파트라 7세와 안토니우스는 옥타비아누스의 군대에 패배했고, 옥타비아누스는 로마의 초대 황제 아우구스투스가 되었다. 클레오파트라 7세는 자살했고 카이사르와의 사이에서 얻은 아들은 로마군에게 살해당했다. 이렇게 프톨레마이오스 왕조는 막을 내렸다.

로마 시대(기원전 30년~기원후 330년)

프톨레마이오스 왕조의 여러 왕과 마찬가지로 이집트 신전의 벽에는 로마 황제도 전통적인 파라오의 모습으로 나타나 있다. 하지만 이제 이집트는 제국의 속주에 불과했고 더는 제국의 중심이 아니었다. 그럼에도 이집트는 로마의 통치 아래서 적어도 3세기까지는 번영했다. 이집트에 대한 로마의 주요 관심사는 곡물 공급이었고, 이집트는 또한 동방과의 교역에서 중요한 기지였다.

이집트에 로마인은 많지 않았고 이집트인은 라틴인을 절대 중하게 쓰지 않았다. 그리스어를 사용하는 지배계층이 계속해서 문화생활을 좌우했지만, 시골 지역에서는 여전히 지역 문화가 살아있었다. 이집트인의 종교 관습은 이어졌고, 이집트의 신전은 여전히 성세를 이뤘다.

로마가 알렉산드리아의 크기를 뛰어넘었지만, 알렉산드리아는 여전히 지중해 세계 제2의 도시라는 위치를 지키고 있었다. 이 도시는 그리스에 대한 배움이 이루어지는 주요 무대로 남아 있었고, 오늘날에도 여전히 사람이 살고 있는 도시로 세계에서 가장 오래된 도시 중 하나이다.

기독교 시대

초기 기독교의 역사는 이집트와 관계가 깊다. 예수가 태어날 때 성^聖가족이 이집트에서 안식처를 찾았다고들 이야기한다. 이집트에서 최초로 기독교를 받아들인 이들은 마가 요한이 개종시킨 이들이었고, 따라서 이들은 마가 요한을 이집트 교회의 첫 번째 총대주교로 여긴다. 알렉산드리아에는 세례 지원자를 교육할 학교가 최초로 세워졌다. 알렉산드리아 교회에 속한 유명 신학자, 특히 오리게네스나 성 아타나시우스나 알렉산드리아의 키릴로스 같은 이들은 모두 이집트인이었다. 아리우스나 네스토리우스처럼 이단적인 교파가 태어난 곳 역시 이집트였다. 많은 이들은 기독교를 상징하는 십자가가 최초로 쓰인 것이 이집트고, 생명의 열쇠라고 하는 앙크^{Ankh} 십자가가 부분적으로는 기독교의 십자가에서 비롯되었다고 생각한다.

이집트가 기독교에 한 가장 중요한 기여라면 어쩌면 수도원 생활이라 할 수 있겠다. 이런 수도원 생활이 발전하기 시작한 건 3세기로 이 무렵 박해를 받고 있던 수많은 이집트인 기독교도가 사막으로 도망쳐 그곳에 국가의 손이 미치지 않는 새로운 공동체를 세웠다. 4세기 들어서는 성 안토니우스나 파코미우스 같은 이집트인이 수도원 생활의 규칙과 사상을 발전시켰고 이후 다른 기독교 세계로 퍼져나갔다.

【 비잔틴 통치기 (330~642년) 】

이집트의 기독교가 시작된 것은 알렉산드리아였지만, 개종자 대부분은 그리스인이 아니라 이집트인이었다. 대략 200년 무렵에는 기독교가 이집트의 도시 지역 전반은 물론 시골 지역까지 널리 퍼져나갔다. 성서가 그리스어에 영향을 받은 당대의 이집트어로 번역되었다. 이 언어는 오늘날 콥트어로 알려져 있으며, 여전히 이집트 콥트 정교회의 공식 언어로 사용되고 있다.

3세기 말까지 로마인은 기독교도를 박해했지만, 4세기 초에 접어들면서 기독교는 동로마 제국으로 불리는 비잔틴 제국의 국교가 되었다. 기독교도 수가 많이 늘어나면서 이교도적 형태의 신앙에 대한 적개심도 덩달아 고조되었다. 391년 테오도시우스 황제는 이교도 사원을 남김없이 철거하라고 명령했고, 이에 따라서 제국 전역에서 이교도 신앙은 금지되었다. 화재로 파괴된 건축물 중에는 고전 시대 학문의 보루였던 알렉산드리아 대도서관이 있었다. 광신적인 수도승 무리가 이교도 사원을 공격하는 일이 5세기 초까지 이어졌다는 기록이 있으니, 이교도가 7세기까지 살아남았을 가능성은 거의 없다. 기독교는 그 뿌리가 파라오 시대의 이집트까지 거슬러 올라가는 고대 종교를 완전히 절멸시켰다. 하지만 이집트인의 종교적 정체성은 여전히 독자적이었고 새로운 믿음을 통해 그런 정체성을 표현했다.

콥트 정교회

로마 제국이 기독교를 국교로 받아들인 후 2세기 만에 여러 이집트인 주교를 비롯한 주요 성직자는 그리스도의 본성을 놓고 교리 논쟁을 벌였다. 이런 논쟁은 때때로 교회 역사의 큰 축을 이루는 분열을 초래하기도 했다.

알렉산드리아 교구와 로마 교구가 정치적으로 충돌했고, 그 결과 451년에 칼케돈 공의회가 열렸다. 이 공의회에서는 알렉산드리아 교회와 연관된 그리스도 단성설單性說, 즉 그리스도는 오직 하나의 본성만을 갖는다는 교리와 절연했고 공직에서 알렉산드리아 대주교를 제외했다.

이집트인 성직자나 신자 대부분은 이런 조치를 인정하지 않았고, 자체적으로 대주교를 임명하면서 이런 조치에 대응했다. 그 결과 로마나 콘스탄티노플의 주교에서 독립된 새로운 이집트 교회, 즉 콥트 정교회가 탄생했다. 거의 두 세기 동안 비잔틴 제국은 '이단적 교리'를 버리라고 콥트 정교회를 압박했다. 때로는 고문과 처형이라는 방법을 쓰기도 했는데 이런 잔혹한 방법은 비잔틴 제국의 통치를 상대로 거대한 분노를 불러일으켰고 콥트 정교회는 이집트 국민의 정체성을 구성하는 핵심이 되었다.

【 이슬람 시대 이집트 】

7세기 초가 되자, 세계를 바꿔놓을 새로운 종교가 아라비아반도 서쪽에서 태어났다. 634년에 아라비아의 여러 부족이 이 종교의 기치 아래 하나로 뭉쳤으니, 이 종교가 바로 이슬람교다. 이슬람 신도로 이뤄진 아랍 군대가 이 지역의 두 패자였던 사산조 페르시아와 비잔틴 제국을 물리쳤다.

10년간의 분쟁이 끝나고 중동지역 대부분은 이슬람 세력의 수중에 떨어졌다. 거기서 10년이 채 지나기도 전에 사산왕조가 멸망했고 비잔틴 제국의 영토는 발칸반도, 그리스, 소아시아 지역으로 줄어들었다. 이슬람 제국이 세워졌고 8세기 초에 그 영토가 최대에 달했는데, 대서양에서 인도양에 걸친 거대한 제국이었다.

【 칼리프국 시대(642~868년) 】

비잔틴 제국은 630년대 중반에 시리아에서 패배한 뒤 수세에 몰렸다. 642년, 이슬람 세력이 이집트를 완전히 장악했고 이슬람 제국으로 알려진 칼리프국의 속국이 되었다. 콥트 교도였던 이집트인은 비잔틴 제국의 철수를 아쉬워하지 않았다. 이슬람 율법은 이슬람의 지배를 받는 '그 책의 사람들', 다시 말해 유대인과 기독교인은 보호받아야 하고 해를 입어선 안 된다고 말한다. 따라서 이슬람 세력은 그 지역의 주민을 온당하게 대했고 개종하라고 압박을 받는 일은 거의 없었다. 이집트가 이슬람으로 개종하는 과정은 아주 천천히 진행되었다. 이슬람교도가 이집트 인구의 절반을 넘을 때까지 대략 700년이라는 시간이 걸렸다.

알렉산드리아가 비잔틴 제국의 침략을 당하고 640년에 아주 짧은 기간 동안 재점령되기도 했던 탓에, 이슬람 세력은 나일강 삼각주 바로 남쪽 내륙에 새 수도를 건설했다. 알 푸스타트로 불린 새로운 수도는, 필요할 경우 시리아에서 증원 병력이 더 쉽게 접근할 수 있는 위치였다.

이집트는 이슬람 제국 속국으로 두 세기를 보내면서 농업에서 거둬들인 세금을 이 지역을 통치하는 칼리프에게 바쳤다.

여러 아랍 부족이 나일강 계곡을 따라 살고 있었다. 그 인구가 너무 적어 이집트의 인종이나 종교 구성에 끼치는 영향은 미미했으나 아랍어를 받아들여 사용하게 하는 데는 중요했다.

【 이집트 이슬람 제국 】

칼리프는 예언자 무함마드를 따르는 정치적 후계자로서 원래는 아라비안 반도 서쪽에 자리한 메디나에서 통치했다. 661년 다마스쿠스에서 우마이야 왕조가 세워지면서 칼리프를 몰아냈고, 750년에는 수도를 바그다드로 삼은 아바스 왕조가 권력을 장악했다.

처음 두 세기 동안 이슬람은 수니파와 시아파라는 두 개의 주요 지파로 갈라졌다. 시아파는 이후 또 다른 분파로 갈라진다. 이들 가운데 정통파라 할 수 있는 이마미파는 대체로 정치 활동에서 거리를 두었다. 반면 시아파의 한 분파인 이스마일파는 호전적인 반反 아바스 세력이었고, 이런 움직임은 9세기에 특히 거세졌다. 칼리프를 비롯한 주요 정치 세력은 수니파였기에 시아파를 비롯한 다른 정적을 견제할 수 있었다. 하지만 9세기 들어 칼리프의 위세가 약해지기 시작하면서 주변부 국가가 제국에서 떨어져 나갔다.

아바스 왕조가 쇠퇴하면서 이집트는 정치적으로 독립하는 방향으로 나아갔다. 868년에 아바스 왕조는 이븐 툴룬이라는 장군을 이집트 총독으로 파견했으나 직함이 무색하게도 그는 바그다드와는 별 관계가 없는 인물이었다. 툴룬은 자신의 군대를 동원해 칼리프 세력의 접근을 저지하면서 이집트의 세력을 팔레스타인과 시리아 지역까지 확장했다. 이런 양상은 935년부터 이집트를 다스렸던 알 이흐시드에 의해 반복되었다.

10세기 초, 시아파인 이스마일파는 칼리프가 다스리던 속령 여러 곳에서 반란을 일으켰는데, 당시 이들 속령은 당시 여기저기 흩어져 있으면서 독립된 나라를 유지하고 있었다. 이집트는 이들 세력 중 하나로 현재 튀니지에 속한 마흐디야를 거점으로 삼은 파티마 왕조로부터 위협을 받게 되었다. 파티마 왕조는 북아프리카 전역으로 자신의 세력을 확장했고 한 걸음 더 나아가 바그다드의 수니파 칼리프에 맞서 자신이야말로 칼리프라고 선언하기까지 했다.

파티마 왕조(969~1157년)

969년 파티마 왕조가 이집트를 침략했고, 970년이 되자 군대가 시리아까지 진출해 바그다드의 아바스 왕조를 무너뜨리려고 했다. 파티마 왕조의 통치 세력은 부유할 뿐만 아니라 이라크에 있는 적과 더 가까운 지역이었던 이집트로 수도를 천도하겠다고 결정했고, 옛 이슬람 세력의 수도였던 알 푸스타트 바로 북쪽에 새로운 도시를 세웠다. 이렇게 세워진 새 수도는 '승리'라는 의미의 알 카히라로 불렸다. 영어권에서는 카이로로 널리 알려진 도시다. 파티마 왕조는 건국 초에 아바스 왕조에 성공적으로 맞섰으나 결코 이라크를 정복하지 못했고, 한 세기 동안 시리아 북부에서 아바스 왕조와 비잔틴 제국에 맞서 싸웠다.

11세기에 이르자 중앙아시아의 튀르크족이 힘이 약해진 칼리프 국의 동쪽 방어선을 뚫고 침입해 들어왔다. 새롭게 이슬람으로 개종한 이 튀르크족은 아바스 왕조 여러 칼리프의 영토에 강력한 셀주크 술탄국을 세웠다. 이들 칼리프는 튀르크족의 치세 동안 표면상으로 정치적 수장 노릇을 했다.

파티마 왕조는 이집트를 중심으로 강력한 지역 제국을 건설했는데, 이 제국은 북아프리카 대부분과 시리아와 아라비아 서부를 비롯해 예멘과 인도 서부의 여러 교역 식민지를 거느리고 있었다. 초기의 여러 통치자는 인도로 가는 교역로를 열었고 이집트는 번영했다. 카이로는 그 화려함과 번영이라는 측면에서 바그다드에 필적할 만한 도시로 자리를 잡아갔다. 상업과 산업이 번창했고 지성과 예술의 중심지가 되었다.

하지만 얼마 지나지 않아 파티마 왕조는 권력 투쟁에 얽혀들어갔다. 1098~1099년에 시리아와 팔레스타인을 점령한 제1차 십자군의 기독교 군대에 상대가 되지 않음이 드러났다. 십자군은 팔레스타인을 되찾으려는 파티마 왕조의 시도를 번번이 좌절시켰다.

12세기가 되자, 작지만 강력한 새 튀르크 국가가 시리아 내륙 지역에 세워졌다. 십자군과 시리아의 튀르크 국가는 이집트의 중요성을 깨닫고 이집트를 통치하려고 각축을 벌였다. 결국 튀르크 국가가 승리를 거두었고 위태로웠던 파티마 왕조는 무너졌다. 이집트에서 튀르크 군을 지휘했던 장군은 쿠르드족 출신이었던 살라흐 앗딘으로 서구에서는 '살라딘'으로 알려진 인물이었다.

아이유브 왕조(1157~1250년)

이집트의 부유함에 힘을 얻은 살라딘은 먼저 이집트와 시리아 내륙을 통일하고 나서 해안가에 자리한 십자군을 처리하는 방향으로 나갔다. 1157년에 살라딘은 갈릴리 해 인근의 하틴에서 벌어진 전투에서 십자군을 격파하고 예루살렘을 함락했다. 십자군은 고립된 몇몇 해안 도시를 지키고 있었고 제3차 십자군이 일시적으로 숨통을 틔워주기도 했으나 이 지역에서 다시는 강력한 정권이 되지 못했다.

살라딘은 아이유브 술탄국을 세웠고, 이 나라는 계속해서 이집트와 시리아를 통치했다. 살라딘은 카이로 시타델을 세웠고, 이 요새는 카이로의 군 사령부가 되어 20세기까지 계속 그 역할을 이어 갔다.

아이유브 왕조에서 권력의 양상은 튀르크식 모델을 따랐다. 이 모델은 왕실과 각 지역의 부족장, 아이유브 왕조의 경우를 보면 쿠르드족뿐만 아니라 시리아 내 소규모 튀르크족 지도자와의 느슨한 연합에 기대는 것이었다. 이는 통치자에게 절대 권력이 없어서 합의에 의존해야 하며 끊임없이 자기 협력자의 요구를 들어줘야 한다는 말이고, 이는 불안정한 정치 체계라는 결과로 이어졌다. 유럽인은 성지를 지배하려면 우선 풍요롭고 인구도 많은 이집트를 지배해야 한다는 사실을 깨닫고서는, 이집트를 목표로 새로운 십자군을 때맞춰 파견했다. 결국 아이유브 왕조 내부의 혼란과 함께 거듭되는 십자군의 공격이 더해지면서, 군대가 아이유브 술탄에게 맞서는 반란을 일으켜

1250년에 권력을 잡게 되었다.

맘루크 왕조(1250~1517년)

아이유브 왕조의 마지막 통치자는 오로지 자신에게만 충성하는 새로운 군대를 만들겠노라고 마음먹고 주로 맘루크(아랍어로 '소유된'이라는 의미)로 불리는 튀르크족 노예병으로 이루어진 군대를 창설했다. 노예병에게는 직접 통치할 합법적인 방식이 전혀 없었다. 힘이 강성했던 과거에도 이들 노예병은 기껏해야 군주나 칼리프를 뒤에서 조종하는 게 고작이었고 협소한 파벌에 따라서 뭉쳐 있었을 뿐이었다. 이제 아이유브 왕조의 맘루크도 똑같은 문제에 맞닥뜨렸고 권력을 차지하기 위해 서로 싸워야 했다.

하지만 이들이 어쩔 수 없이 한데 뭉치게 하는 사건이 터졌다. 이교도인 몽골군이 동쪽에서 침입해 들어와 이란의 여러 도시를 초토화한 것이다. 1258년에 바그다드에 입성한 몽골군은 도시를 파괴하고 아바스 왕조의 칼리프를 처형했다. 1259년에는 시리아로 진군했다. 맘루크의 여러 장군이 서로 힘을 합쳐 팔레스타인 지역의 아인 잘루트에서 몽골군에 맞서 싸웠고 치열한 전투 끝에 몽골군을 물리쳤다. 몽골군의 공세는 종말점에 이르렀고 맘루크의 술탄은 마침내 이슬람의 구세주라는 정당성을 얻게 되었다.

맘루크 왕조는 거의 곧바로, 오랫동안 버티고 있었던 또 다른 적인 십자군을 레반트에서 몰아내는 일에 착수했다. 1291년 십자군이 점령하고 있던 최후의 주요 도시인 팔레스타인의 아크레가 함락되면서 카이로에서 통치하던 맘루크 술탄 치하에서 이집트와 시리아가 다시 통일되었다.

맘루크 국은 이제 아랍 이슬람 문화의 중심이 되었다. 이라크를 비롯한 이집트 동쪽의 여러 나라가 몽골에 무너졌다. 이 지역에 몽골이 세운 후계 국가의 여러 통치자는 이슬람으로 개종하기는 했어도, 페르시아어나 튀르크어를 공식 언어로 채택하지 않았다. 바그다드가 파괴됨에 따라 이제 카이로는 이슬람 세계 제1의 도시이자 14세기 세계에서 가장 큰 도시였다.

십자군 원정 이후로 동방의 물품, 특히 향신료에 대한 유럽인의 수요가 급증했고 이런 향신료의 교역량은 어마어마했으며 이윤 또한 막대했다. 이집트는 동서 교역의 중심지가 되었고, 그 당시의 번영하던 모습은 맘루크 왕조 시절에 카이로에 세워진 건축 유산에 고스란히 남아 있다. 하지만 14세기가 되면서 흑사병으로 이집트와 시리아가 초토화됐고 이집트에서는 홍수가 잇따라 발생했다. 1400년에 튀르크화된 몽골인 군벌 티무르가 맘루크 치하의 시리아에 침입해 시리아를 초토화했다. 이런 사건이 겹치면서 이집트와 시리아 두 나라에 심각한 기근과 기아가 발생했다. 15세기 무렵, 맘루크 왕조는 경제적으로 어려움을 겪고 있었고 국제 교역에 이전보다 더 높은 세금을 부과했다. 유럽에서 수입품 가격이 폭등했고, 그 결과 유럽인은 동방으로 향하는 다른 교역로 탐험에 투자하기 시작했다.

【 오스만 제국의 발흥 】

1453년 오스만 튀르크가 콘스탄티노플을 함락시키면서 마침내 고대부터 이어진 비잔틴 제국이 역사의 뒤편으로 사라졌다. 오스만 튀르크 군대는 남동부 유럽을 지배했고 맘루크 시리아의 북쪽 국경을 따라가면서 자신의 입지를 강화해나가기 시작했다.

1516년에 오스만 군이 시리아에 들어왔다. 맘루크 군은 훈련되어 있지 않았고 지휘자는 무능했던 데다가, '총'이라는 최신 군사 기술을 제대로 파악하지 못했던 탓에 결국 패배하고 말았다. 1517년 오스만 군이 카이로에 입성했고 도시 정문에 마지막 맘루크 술탄을 목매달았다.

이어지는 300년 동안 이집트는 다시 제국의 속령이 되었지만,
매우 번영한 속령이었다. 초과로 걷어 들인 세수는 오스만 제
국의 수도인 이스탄불(이전의 콘스탄티노플)로 보내졌고, 숙련된 노
동자와 장인도 이스탄불로 이주했다. 7세기 이후에 처음으로
이집트가 속한 제국의 공식 언어는 아랍어가 아니라 튀르크어
였다.

　18세기에 들어서면서 오스만 제국은 새롭게 출현한 유럽의
여러 국민 국가에 강대국 지위를 넘겨줬고 이집트 총독은 계
속해서 더 많은 자율권을 요구했다. 1798년 유럽은 오스만 제
국을 조각내 차지하려고 혈안이 되어 있었고 이집트 땅의 주
요 지역 일부를 정복하려고 시도하기도 했다.

프랑스의 이집트 원정기(1798~1801년)

1798년, 나폴레옹 보나파르트는 프랑스 공화국이 대영제국에
맞서 수행한 군사작전의 일환으로 이집트 원정을 이끌었다. 나
폴레옹은 이집트를 인도로 가는 중간 기착지로 여겼다. 프랑

1799년 아부키르 전투

스 군은 신속하게 이집트를 점령하는 데는 성공했지만, 1년 후에 벌어진 시리아 침공은 실패로 돌아갔고 1801년에 오스만군과 영국군이 연합해 결국 프랑스를 철수시켰다. 프랑스의 이집트 점령 기간이 아주 짧았다고는 해도 이 사건이 불러일으킨 반향은 매우 중요했다. 이 사건으로 더 많은 유럽 기업이 오스만 제국의 영토에 진출할 수 있는 문이 열렸고, 특히 이집트를 비롯한 오스만 제국의 여러 속국은 이런 선진국에 맞서 자신을 지킬 수단이 거의 없다는 사실을 깨달았다.

이집트는 오스만 제국의 치하로 다시 돌아갔으나 권력 투쟁이 뒤따랐고 여기에 많은 이집트인이 가담했다. 1805년, 이집트 주재 오스만 제국 관료였던 무함마드 알리가 이집트의 종교와 공동체 지도자의 지원을 등에 업고 스스로 이집트 총독의 자리에 올랐다.

【 무함마드 알리 왕조 】

무함마드 알리가 권좌에 오르면서(1805~1848) 이집트는 근대에 접어들었다. 무함마드 알리는 명목상으로는 오스만 제국의 총독이었지만 이집트를 다시 제국의 중심으로 변모시켰다. 알리는 자신이 절대적인 지배자라고 선언하면서, 자신이 권좌에 오르는 데 도움을 줬던 바로 그 지역 지도자를 비롯해 정적과 지역의 위협을 제거했다. 그는 이집트 농민을 새로운 근대식 군대에 징집했고 유럽식 모델에 기반한 야심 찬 근대화 프로그램에 착수했다. 이집트 군은 이런 프로그램을 바탕으로 구축되었다. 관료와 엔지니어, 의사와 기술자가 유럽에 가서 훈련받거나 이집트 현지에서 유럽인에게 훈련받았다. 무함마드 알리는 영토에 대한 야욕이 컸고, 수단, 시리아, 서부 아라비아 지역 깊숙이까지 영토를 확장했다.

　1820년대에 이집트는 가공할 만한 지역 강대국이었다.

루이 샤를 오귀스트 쿠데가 그린, 무하마드 알리 파샤의 초상화

1830년대에 오스만 술탄과 충돌을 빚는 동안, 이집트군은 오스만 제국을 두 차례나 무릎 꿇렸고 유럽이 개입하고서야 이집트군이 이스탄불로 진격하는 것을 저지할 수 있었다. 1841년이 되자 마침내 영국을 비롯한 다른 유럽 강대국은 무함마드 알리에게 군의 규모를 줄이고 시리아와 아라비아에서 철수하라고 압박했다. 그 대가로 오스만 제국은 그의 후손에게 이집트와 수단을 통치할 세습 총독직을 부여했다.

무함마드 알리의 후손, 특히 이스마일 파샤 치하(1863~1879년)에서 근대화, 특히 교육과 농업과 통신 부분의 근대화가 가속되었다. 1854년에 이집트에는 아프리카 최초의 철도가 놓였다. 사회 기반 시설 부분에서 이루어진 가장 큰 성과는 수에즈 운하 공사였고, 이 공사에는 11년이라는 시간이 걸렸다. 천문학적 자금을 쏟아붓기는 했지만 1869년에 마침내 운하가 개통됨에 따라, 재정이나 국민의 삶이라는 측면 양쪽에서 이집트의 전략적 중요성이 크게 높아지는 결과를 가져왔다.

이스마일은 여러 대규모 사업을 진행했으나 재정 관리라는 측면에서는 무능했다. 유럽 채권국에서 엄청나게 높은 이자로 돈을 빌렸고 이는 결국 재정 위기로 이어졌다. 이미 높은 세금에 또 세금이 더해진 데다가 가혹한 징세 방법이 시행되면서, 늘 그렇듯 가장 먼저 고초를 겪는 이들은 시골 지역의 빈민이었다. 수에즈 운하가 개통되고 단 6년 만에 이집트는 회사 지분을 아주 싼 가격으로 영국에 팔아야 했다. 이런 모든 조치에도 불구하고 이집트는 파산을 선언했다. 1876년에 주요 채권국인 영국과 프랑스가 재정적 측면에서 이집트를 통제했지만, 실은 정치적 통제나 마찬가지였다.

이스마일 파샤는 강제 퇴위했고 그의 아들 중에서 비교적 고분고분했던 투피크가 그의 자리를 차지했다. 수많은 이집트인에게 이런 상황은 점점 더 견디기 힘든 것이 되어 갔고, 1881년에 아흐메드 우라비가 반정부 봉기에 성공함으로써 투피크는 어쩔 수 없이 민족주의 노선에 따른 개혁을 인정하지 않을 수 없었다. 이 반정부 운동에 위기의식을 느낀 영국은

1882년에 알렉산드리아에 군을 상륙시켜 전국적인 반란을 진압했고, 이집트는 또 한 번 나라의 독립을 잃게 되었다.

【 영국 점령기 】

비록 이집트가 명목상으로나마 오스만 제국의 자율적인 속령이었지만, 1882년부터는 사실상 영국의 지배를 받는 상태였다. 1914년에 제1차 세계대전이 발발하면서 이집트는 오스만 제국에서 독립해 영국의 보호령이 되었고 따라서 영국의 영향력을 공식적으로 인정했다. 1922년에 보호령이 종식되면서 이집트는 입헌군주제를 선포했다. 형식적 독립을 얻었음에도 이집트는 대영제국에게 전략적으로 중요했기에, 영국은 제2차 세계대전 이후까지도 정치적으로나 군사적으로 이집트를 여전히 지배했다.

이 기간에 이집트 국민 상당수는 와프드 당을 지지했는데, 1919년에 세워진 이 정당은 영국이 이집트에서 완전히 철수해야 한다고 주장했다. 30년 동안 이집트 정치는 삼두체제였다. 왕은 영국으로부터 더 많은 독립성을 원하면서 말 잘 듣는 의회를 원했다. 와프드 당은 국민 대다수를 대표하면서 왕과 영국을 싸잡아 비판했다. 영국은 정치와 군사 양 측면에서 압력을 가함으로써 영국의 이집트 주둔에 심각한 위협이 될 만한 사태를 억제했다.

이슬람이든 이집트 민족주의든, 아니면 조금 이후에 등장하는 아랍민족주의든 지금까지 면면히 이어지고 있는 여러 운동이 이 시기에 태동했다. 이런 운동 중에는 1927년에 만들어진 이슬람의 무슬림형제단을 비롯해 1940년대 후반에 세워진 군대 내 혁명 조직인 자유장교단이 있었다.

【 가말 압델 나세르(1952~1970년) 】

제2차 세계대전이 끝난 뒤에도 영국이 계속 이집트에 주둔하면서 이집트인의 분노가 컸다. 거기다 1948년에 신생국인 이스라엘에 패배했고, 이집트 국왕인 파르쿠 1세(재위 1936~1952년)의 정치적이고 도덕적인 부패가 잇따랐다. 그러자 육군 대령이었던 가말 압델 나세르가 주도한 자유장교단 운동을 주축으로 군사 쿠데타가 벌어졌다.

1953년에 자유장교단은 왕정을 폐지하고 무함마드 나기브 장군을 대통령으로 추대했다. 하지만 나기브 대통령은 의회제 폐지처럼 장교단이 원했던 전면적인 정치적 변화를 강요하는 것을 그리 내켜 하지 않았는데, 결국 1954년에 권좌에서 물러났다. 나세르가 나기브의 뒤를 이어 이집트 제2대 대통령으로 취임했다.

나기브 대통령을 빼면 나세르 대통4령은 파라오 시대 이후 이집트를 통치한 최초의 이집트인 지도자였고, 나세르에게 이집트가 잃어버린 위엄을 되찾는 일이야말로 국민적 자부심의 문제였다. 첫 번째 조치는 남아 있는 영국 주둔군을 철수시키는 일이었고 협상을 통해 조약을 체결했다. 이 조약에 따라 1956년에 영국군이 수에즈 운하 지역에서 철수할 예정이었다.

나세르 대통령은 이집트를 크게 바꿔놓을 대담한 산업화와 근대화 계획을 구상했다. 나일강 아스완 지역에 댐을 건설함으로써 전력을 생산해 새로운 공장에 공급하고 때때로 발생하는 파괴적인 나일강 홍수로부터 농업을 보호하려 했다. 나세르 대통령은 처음에는 재정 지원을 얻기 위해서 영국과 미국에 도움을 요청했지만, 영국과 미국이 지원을 거부하자 소비에트 진영으로 돌아섰다. 이 지역에서 동맹국을 찾고 있던 소비에트는 때맞춰 재정 지원과 산업 기술을 제공했다.

자유장교단은 엄밀한 의미에서 사회주의자는 아니었으나 새로운 나세르 정권은 그 방향으로 기울어졌다. 무함마드 알리 시절에 형성된 지주 계급의 거대한 사유지에서 농지를 몰수해, 몰수된 토지를 소작농에게 분배하는 재산법이 통과되었다. 경제는 봉쇄되었고, 임금과 임대료는 동결되었다. 이는 이집트에서 민간 기업을 운영하는 대규모 외국인 공동체 대부분이 이집트를 떠나는 결과를 초래했다.

【 수에즈 위기 】

1956년, 나세르 대통령은 수에즈 운하를 소유·운영하는 회사를 국유화했다. 이 회사의 지배 주주였던 영국과 프랑스는 이 조치에 격분했고 이집트를 공격하겠다고 결정했다. 이들 두 나라는 이스라엘의 시나이반도 침공에 공모했고 그에 이어진 전쟁을 구실삼아 운하 지역을 점령했다. 하지만 미국과 소련이 이 작전에 반대했고 영국과 프랑스에 정치적 압력을 가함으로써, 이 두 나라와 이스라엘은 점령지에서 철수하지 않을 수 없었다. 그 결과는 나세르 대통령에게 엄청난 정치적 승리를 안겨주었고, 식민지 시절에 권력을 누리던 이들의 특권과 권력에 심각한 타격을 주었다.

1956년에 거둔 승리로 나세르 대통령은 더욱 대담해졌다. 서구 제국주의의 철천지 원수가 되었고 독립 투쟁을 벌이고 있던 수많은 아프리카 국가를 지원했다. 인도의 자와할랄 네

루 총리, 유고슬라비아의 티토 대통령과 함께 나세르 대통령은 비동맹 운동을 결성함으로써 소련에도 서방에도 속하지 않는 독립적 공동체를 만들어 제3세계의 이익을 보호했다.

나세르 대통령은 아랍어를 사용하는 사람을 하나로 묶는 범아랍 국가를 요구하는 아랍민족주의의 주요 옹호자가 되었다. 이런 비전에 따른 한 가지 결과물이 1959년에서 1961년까지 짧은 기간 동안 존속한, 바로 이집트와 시리아가 연합한 아랍 연합 공화국이었다.

신생 이스라엘은 아랍민족주의에 방해가 되는 가장 큰 걸림돌로 여겨졌다. 이스라엘이 팔레스타인의 아랍인 땅에서 건국하면서 대략 70만 명이 난민 신세가 되었기 때문이었다.

이런 입장이 겹치면서 개발도상국의 영웅이라는 나세르 대통령의 국제적 이미지가 강화되었지만, 서방 세계에서는 적이 되었다. 이 지역에서 자신의 이익이 위협받을 것을 두려워한 미국은 이스라엘에 대한 지원을 강화했고 나세르의 권력을 억제할 기회를 노리고 있었다. 이는 결국 이집트와 나세르 대통령이 옹호했던 팔레스타인의 대의에는 재앙으로 이어졌다.

【 제3차 중동전쟁 】

1967년에 서구 강대국의 지원을 등에 업은 이스라엘이 이집트, 요르단, 시리아에 대한 전면적 공세를 개시하면서 재앙이 벌어졌다. 기습을 당한 아랍 공군이 공군기를 출격시키지도 못하고 지상에서 사실상 완전히 파괴되자 이스라엘은 남아 있던 팔레스타인 땅(웨스트 뱅크와 가자 지구)을 손쉽게 점령했고 이집트로부터는 시나이반도를, 시리아로부터는 골란 고원을 빼앗았다.

이는 군사적 패배였음은 물론이고 이집트의 경제적 특권과 정치적 특권 모두에 강력한 일격을 가한 사건이기도 했다. 수에즈 운하가 전선이 되자 해상운송이 막혔다. 3년 후에 나세르 대통령이 사망하자 혼란을 수습하는 노력은 나세르 대통령의 후계자 안와르 알 사다트 대통령의 손에 넘어갔다.

나세르 대통령은 독재자라는 비판을 받아

1962년 가말 압델 나세르 대통령

왔다. 그의 사회주의 경제 정책 때문이기도 하지만 대부분은 1967년에 전쟁에서 참패한 탓이기도 했다. 그렇지만 수에즈 운하 국유화, 아스완 댐 건설, 극빈한 소작농 대부분이 혜택을 입었던 토지 개혁, 대규모 산업 확장 정책 등의 업적 덕분에 역사상 최대 규모라고 할만한 거의 500만 명에 이르는 조문객이 그의 장례 행렬에 함께 했다.

【 안와르 알 사다트(1970~1981년) 】

1970년에 당시 부통령이었던 안와르 알 사다트가 나세르 사후에 대통령직을 물려받았다. 사다트 대통령은 1967년에 벌어진 제3차 중동전쟁에서 상실한 영토를 돌려받기 위해서 이스라엘과 합의를 끌어내려고 노력했다. 사다트 대통령은 유엔이 내놓은 「야링 임무 보고서Jarring Mission report」에 대한 답변으로 평화를 원한다면 그 대가는 1967년 전쟁 전 국경으로 복귀하는 것이라고 주장했다. 그러면서 이스라엘이 시나이반도와 가자 지구에서 철수하고 보고서에 규정된 다른 조항을 이행하는 데 동의한다면, 이집트는 "이스라엘과 기꺼이 평화 협정을 체결할" 것이라고 밝혔다.

　이스라엘은 1967년 이전의 국경선으로 복귀하기를 거부했고, 1973년 10월에 이집트와 그 동맹국인 시리아는 이스라엘에 대해 연합 공세를 개시했다. 준비가 되어 있지 않았던 탓에 이스라엘은 수많은 사상자를 내면서 패전 직전까지 몰렸으나, 가까스로 양쪽 전선에서 주도권을 되찾으면서 북쪽에서는 시리아군을 격파하고 시나이반도에서는 이집트군의 절반을 포위하는 데 성공했다.

하지만 정치적인 측면에서 사다트 대통령은 자기 목적을 달성했고 이스라엘을 협상 테이블로 불러냈다. 1977년에 사다트 대통령이 이스라엘을 방문했다. 이 상징적인 사건은 1979년에 이집트와 이스라엘 간에 체결된 평화조약을 끌어냈고, 시나이반도는 이집트에 반환되었다. 다른 아랍 국가는 이를 공동의 대의에 대한 배신으로 여겼고 이집트는 배척당했다. 많은 이집트인이 이런 감정을 공유했다.

경제적인 측면에서 사다트 대통령은 전임 나세르 대통령이 취했던 사회주의 정책을 차근차근 뒤바꿔 나갔다. 문호개방정책을 실행하면서 수입과 외국 투자에 부과된 제약을 철폐했다. 이런 정책으로 중산층에 속한 많은 이들이 혜택을 입었고 새로운 기업가 계급이 등장했다. 하지만 정부의 부패가 늘어나고 생필품 가격이 폭등하면서 가난한 대다수 국민에게 영향을 미쳤다. 1977년에 빵 보조금 지급을 중단하려고 하자 전례 없는 규모의 소요 사태가 벌어졌다. 경제적 어려움이 커지면서 적극적인 사회주의 운동을 탄압했다. 이는 이슬람 근본주의자의 대의를 부추겼고 그 숫자가 늘어나기 시작했다. 1981년 사다트 대통령은 1973년에 벌어진 제4차 중동전쟁의 군사작전을 기념하는 연례 군사 열병식에 참석했다가, 그 자리에서 이슬람 급진주의자에게 암살당했다.

이집트인이 사다트 대통령을 기억하는 방식은 다양하다. 많은 사람이 사다트 대통령을 높이 평가하면서, 1973년 전쟁이 이스라엘에 대한 이집트의 전면적인 승리로 1967년의 패배를 되갚아 줬다고 생각한다. 이스라엘과 평화 협정을 맺음으로써 희생이 막대한 전쟁 상태를 끝냈고 시나이반도를 돌려받았다. 경제 자유화로 많은 사람이 혜택을 입었다. 다른 이들에게는 나세르 대통령의 저항적인 외교 정책과 경제적 사회주의가 옳았으며 사다트 대통령이 그런 정책을 배신했다고 여겨진다. 노동 계급이 많이 모이는 카페나 중산층 가정 모두에서 사다트 지지자와 나세르 지지자가 각자 자기가 선호하는 지도자의 업적을 소리높여 주장하는 모습은 여전히 흔하게 목격된다.

【 호스니 무바라크(1981~2011년) 】

사다트 대통령이 암살당하면서 부통령이었던 호스니 무바라크 장군이 권력을 잡았다. 무바라크 대통령은 아랍 세계의 다른 국가와의 관계를 복원하는 한편 이집트가 이스라엘과 맺은 평화 협정을 유지하는 일을 동시에 관리했다. 전임자와 달리 무바라크 대통령은 커다란 정치적 위험을 감수하거나 외국과 군사적으로 얽히는 일을 피했다.

이런 외교상의 업적에도 불구하고 1990년대 초반에 무바라크 대통령은 이슬람 근본주의자가 자행한 테러 공격에 직면했다. 이런 테러는 관광객과 경찰력 모두를 대상으로 삼았고 이를 진압하기까지는 여러 해가 걸렸다. 그동안 경찰은 특히 남부 지역에서 가혹한 방법을 사용했다. 1990년대 후반 들어 경제 자유화가 더욱 진전되면서 호황을 맞았으나, 이런 성장은 2000년대가 시작되고 불과 몇 년도 지나지 않아 거의 멈춰버릴 지경에 이르렀다.

2005년 무바라크 대통령은 일련의 정치 개혁을 단행했고, 이런 개혁은 그해 말에 치러졌던 이집트 최초의 대통령 선거에서 정점에 달했으며, 무바라크 대통령은 이 선거에서 압승을 거뒀다. 이어지는 의회 선거에서 공식적으로 금지된 무슬림형제단 소속 후보가 무소속으로 출마해 대거 당선되었다. 하지만 정치적 반대 세력은 여전히 많은 제한이 남아 있다고 비판하면서, 자유가 신장했다고 해도 이것이 절대 안전하게 보장되었다고 생각하지 않았다. 국내에서 진정한 민주주의와 더 광범위한 정치 개혁을 요구하는 이슬람주의자나 자유주의자나 좌파를 비롯해 정치 스펙트럼의 다양한 지점에서 반대가 커지면서, 개혁은 겉치레에 불과하고 그 목적은 오로지 정권 내에서의 권력 이양을 쉽게 만드는 데 있다고 여겨졌다.

지속적인 빈곤, 부패, 경찰이 폭력을 사용하고도 처벌받지 않는 문화는 2004년과 2005년에 걸쳐 대담한 일련의 반정부 시위를 불러왔고, 이런 시위는 2011년에 무바라크 대통령의 통치를 끝낼 대중 봉기의 씨앗을 심어놓았다.

타흐리르 광장과 그 너머

무바라크 대통령은 30년 동안 부패와 강력한 공안 통치로 얼룩진, 거의 절대적이라 할만한 권력을 누렸다. 무바라크 정권은 가혹한 통치를 정당화하려고 안정을 유지할 필요가 있다는 이유를 댔다. 하지만 2010년 튀니지에서 벌어진 대중 봉기에 자극받아 2011년 1월 25일에 수십만에 이르는 이집트인이 거리로 쏟아져나와 정치 개혁과 경제 개혁, 그리고 정권 타도를 요구하면서 격렬한 시위를 이어 갔다.

튀니지 대통령이었던 지네 엘 아비디네 벤 알 리가 축출되고 얼마 지나지 않아 이집트의 정치 활동가 세력은 1월 25일을 범국민 저항의 날로 정했다. 이들은 영리하게 공휴일인 경찰의 날에 맞춰 날을 잡았고, 페이스북이나 트위터 같은 사회 관계망을 이용해 이 소식을 퍼뜨렸다. 이날 시위에 참석한 사람은 놀랄 정도로 많았고 경찰은 시위를 진압하기 위해 이집트 전국에 병력을 배치했다.

카이로 한복판에 자리한 타흐리르(아랍어로 자유라는 뜻이다) 광장은 그때까지는 오랫동안 출퇴근 시간에 꽉 막혀서 피해야 할 교통 요로로만 여겨졌지만 "아랍의 봄" 봉기를 대표하는 이집트 항쟁의 상징적 중심지로 탈바꿈했다. 격렬한 시가전이 몇 차례 벌어지고 나서 경찰은 굴복했고 시위대가 타흐리르 광장을 장악했다.

같은 해 1월 28일에 무바라크 대통령은 군의 거리 진입을 명했다. 당시만 해도 군에 대한 평은 좋은 편이었기에 시위대

사이에서 군의 진입은 널리 환영받는 분위기였다. 무바라크 대통령은 개각을 단행하고 20년 동안 정보를 총괄했던 오마르 술레이만을 부통령으로 임명하는 등 필사적으로 일련의 개혁을 시도했다. 자신에게 반대하는 세력과 국민적 대화를 거치면서 2011년 9월에 자신의 임기가 종료되면 다시 선거에 나서지 않을 것임을 거듭 천명했다.

하지만 긴장이 고조된 분위기에서 무바라크 대통령이 텔레비전 방송을 통해 내놓은 유화책에도 시위대는 동요하지 않았다. 시위대는 정권을 기필코 끌어내리겠다는 단호한 의지로 18일 동안 결연히 총탄과 물대포와 최루탄에 맞섰다.

2월 11일, 무바라크 대통령이 사임하자 무바라크 행정부에서 오랫동안 국방부 장관을 역임했던 육군 원수 후세인 탄타위를 위원장으로 하는 이집트군 최고 평의회가 그 권력을 넘겨받았다.

봉기가 일어났던 기간에 사망한 수백 명에 대해서 진상 규명을 촉구하는 시위가 연이어졌고, 무바라크 대통령은 수감되어 이때 벌어진 살해 행위와 부패 혐의로 재판에 넘겨졌다. 무바라크 대통령은 "아랍의 봄" 봉기로 축출된 첫 번째 아랍 독재자로 법정에 서게 되었다.

2012년 6월 2일, 무바라크 대통령이 시위대 살해에서 중대한 역할을 했다는 혐의로 그에게 무기징역이 선고되었다. 무바라크 대통령은 별도로 진행된 부패 혐의 재판에서 영향력이 강했던 두 아들 알라, 가말과 함께 무죄를 선고받았다. 무바라크 정권과 관련된 전직 장관과 관료와 사업가 수십 명도 각종 부패 혐의로 재판에 넘겨졌지만, 재판 절차가 빠르게 진행돼서 정치적 의도가 있는 게 아니냐는 비판을 받기도 했다.

【 군정기 】

무바라크 대통령이 실각한 후, 군 최고 평의회가 나라를 통치할 책임을 떠맡았다. 권력을 넘겨받자마자 군 최고 평의회는 헌정을 중단하고 의회를 해산했고 국민의 뜻을 표현할 선거를 준비하면서 그 과도기를 관리하겠다고 약속했다. 위원회는 새로운 헌법이 작성될 때까지 임시 헌법 역할을 할 헌법적 선언을 발표했다.

2011년 11월에 의회 상하 양원 선거가 치러졌고, 이 선거에서 이전까지는 정치 활동이 금지되었으나 강력한 지지를 받고 있던 무슬림형제단을 비롯해 수니파 이슬람 근본주의 운동의 분파인 살라프파를 대변하는 보수주의 세력이 압도적으로 승리했다.

2012년 새로 선출된 의회는 이집트의 새 헌법안을 작성할 제헌의회 의원을 선출하라는 요청을 받았다. 하지만 의회에서 압도적인 다수를 차지하던 이슬람 운동 세력은 여러 세속 정당이 격렬하게 그 해산을 요구하는 사태에 불을 지폈다. 이들 정당은 시민 국가라는 자기네 목표가 이슬람 세력의 정치 독점으로 중단될 것을 두려워했다. 법원은 대통령 선거를 불과 몇 주 앞두고 제헌의회를 해산했고, 결국 새로운 제헌의회가 지명되었다.

군이 주도하는 과도기는 분열과 극심한 혼란을 불러왔다. 군이 반대 세력을 탄압하자 이런 조치는 곧바로 무바라크 대통령의 취했던 전술을 떠올리게 했고, 이내 격렬하고 때로는 생명을 앗아가는 시위를 촉발했다. 달이 거듭되면서 거리에서 반군부 시위가 벌어졌고 이 시위는 민간인에 대한 군사 재판, 고문, 검열, 여성 시위자에 대한 강제 '처녀성 검사'를 비롯해 보안군이 자행하는 폭력 행위를 끝내라고 요구했다.

2012년 5월 23일과 24일 양일에 걸쳐 이집트 최초의 자유 대선이 실시되었다. 5천만 명이 넘는 유권자는 무바라크 대통령을 승계하겠다고 서로 경쟁하는 12명의 후보 가운데 한 명을 선택해야 했다. 이슬람주의자, 자유주의자, 좌파 모두가 약속하는 나라의 미래는 서로 완전히 다른 것이었다.

명백한 승자가 없었던 탓에 선거 관리 위원회는 최상위 득표자였던 무슬림형제단의 무함마드 무르시와 무바라크 정부의 마지막 총리이자 전직 공군 사령관이었던 아흐메드 샤피크 2명을 대상으로 결선 투표를 공표했다.

이 투표는 샤피크 치하에서 과거 정권으로 회귀할 것을 두려워하는 진영과 정교분리를 주장하면서 무슬림형제단이 개인의 자유를 질식시킬 것을 두려워하는 진영으로 나라를 두 동강냈다.

대선 결과가 발표되기 바로 전날, 군 최고 평의회는 군에 전면적 권력을 부여하는 헌법을 선포했고 이 조치는 미래의 대통령과 권력 다툼을 벌일 길을 닦아 놓았다.

【 무함마드 무르시 】

2012년 6월, 무함마드 무르시가 샤피크를 근소한 차이로 누르고 아랍 세계에서 인구가 가장 많은 나라인 이집트의 첫 번째 이슬람주의자 대통령으로 선출되었다. 2012년 7월 10일, 무르시 대통령은 전달에 최고 헌법재판소가 해산했던 이슬람주의자 중심의 의회를 복귀시키면서 2011년에 선출된 의원의 복귀를 명했는데, 이들은 대부분 자신이 속한 자유정의당을 비롯해 그 밖의 이슬람주의 세력에 소속된 의원이었다.

이후 무르시가 내린 결정은 이집트 역사에서 가장 강력한 권력과 영향력을 가지고 있었던 군 최고 평의회에 반하는 것이었다. 2012년 8월에 무르시 대통령은 국방부 장관 탄타위와 군참모총장 사미 하페즈 아난의 사임을 요구했고, 이에 더해 안보 관련 고위 관료인 국가 정보국장과 대통령 경호처장 두 명을 해임했다. 무르시 대통령은 새로운 국방부 장관으로 압델 파타 엘시시 군 정보국장을 임명했다.

새로 임명된 문화부 장관 알라 압델라지즈가 이집트 도서 청장과 미술 위원장을 해임하고 카이로 오페라단 총책임자 이네스 압델 다이엠을 해고하자, 유명 작곡가이자 음악 감독 나이르 나귀는 곧장 정부가 "이집트의 문화와 미술을 파괴하려는 세부적인 계획"을 진행하고 있다고 비난했다. 이슬람주의자와 자유주의자 사이에서 문화전쟁이 끊이질 않았던 탓에 무르시 대통령은 자유주의자와 소수민족 집단의 지지를 확보할 수 없었다.

2012년 11월에 무르시 대통령은 논란이 많은 성명을 발표하면서 자신이 이집트의 최고 주권자로서 "모든 규칙에 대한 예외를 주장"할 수 있다고 공표했다. 이집트 최고 법원은 이런 결정을 "사법부와 재판의 독립성에 대한 전례 없는 공격"이라고 맹비난했다.

11월 말에 무르시 대통령과 무슬림형제단에 맞선 시위가 시작되었고 12월까지 이어지면서 시위대가 헬리오폴리스에 있는 대통령궁에 모여들어 무르시 대통령의 하야를 요구했다. 무르시 대통령은 야당이 폭력을 조장한다고 비난하면서 시위가 확산하자 통행금지를 실시했다. 2012년 12월 6일에는 무슬림형제단 지지자와 시위대가 충돌하면서 7명이 사망하고 600명 이상이 다치는 사건이 벌어졌다.

시위는 2013년 6월까지 이어졌다. 타마로드('반란'을 뜻한다) 운동은 200만 명 이상으로 추정되는 국민으로부터 무르시 대통령이 사임하고 그렇지 않으면 대규모 시위를 계속하겠다는 서명을 받아 냈다.

2013년 6월 26일, 무르시 대통령은 반대 세력과 화해를 시도했으나 이들의 요구를 일축했다고 비난이 쏟아졌다. 한 주가 채 지나기도 전에 이집트 전역에서 수백만 명이 무르시 대통령의 사임을 요구하면서 시위를 벌였다. 바로 다음 날, 이집트 군부는 모든 이집트 정당에 2013년 7월 3일까지 이집트 국민의 요구를 수용하라며 48시간 최후통첩을 발표했다. 군은 무르시 대통령을 권좌에서 축출하면서 이집트 최고 헌법재판소장이었던 아들리 만수르를 이집트 임시 대통령으로 임명했다.

[압델 파타 엘시시]

2011년 혁명과 무르시의 무능한 대통령직 수행이라는 혼란을 거치고 나서, 이집트인은 무르시 정부의 국방부 장관 압델 파타 엘시시에게 모든 희망을 걸었다. 2013년 7월에 그는 호전적 이슬람 세력 이시스를 진압했었다. 엘시시는 국방부 장관직에서 물러나고 대통령 출마를 선언하는 식으로 자신의 대중적 인기를 최대한 활용했다. 엘시시는 2014년 5월에 대통령으로 선출되었다. 엘시시는 사회 기반 시설을 개선하고 경제 개혁을 추진하는 한편, 경제에 투자해 낙관적인 분위기를 끌어올림으로써 국내 안정을 회복시켰다. 엘시시는 이어진 2018년 대선에서도 승리했고 두 번째 임기 동안 뉴 카이로라는 신도시와 이집트 대★ 박물관을 건설하는 등 인상적인 문화 기반 시설 건설 계획을 추진했다.

엘시시는 국제기구와의 교류를 이어 나갔고, 2022년 7월에는 경제 회복을 위한 방향을 정하기 위해 자유주의자와 이슬람주의자 단체의 여러 대표와 국민적 대화를 진행했다. 전 국민을 대상으로 삶의 질을 개선하겠다는 약속했지만, 기본 식료품에 대한 보조금을 철폐하고, 경제 상태는 불안정하고, 우크라이나-러시아 전쟁에 영향을 받아서 이전에는 접근할 수 있었던 시장에 접근이 힘들어졌다. 거기에 코로나-19 팬데믹 이후 이집트 파운드화가 크게 평가절하되는 등 여러 이유로 이집트 빈곤층에게는 어려운 상황이 한층 더 가중되었다.

정부와 정치

무바라크 대통령 시절부터 이집트는 통치 구조 면에서 헌법과 삼권분립과 다당제 등 민주적 정부의 속성을 갖추고 있었다. 하지만 권력은 대부분 행정부에 있다. 이집트는 행정부에 과도한 권력을 부여하고 비정부기관의 정치 활동을 제한하고 국가 안보라는 명목으로 표현의 자유를 제한하는 법률을 통해서, 1967년부터 2023년까지 기간 내내 거의 연이은 비상사태에 처해 있었다. 비상사태법은 2012년 5월 31일에 만료되었지만, 시위대 149명이 무르시의 복권을 요구하자 2013년 8월 14일에 다시 연장되었다. 2021년 10월 26일에 만료되자마자 엘시시 대통령은 이 법을 또 연장했다.

이집트 헌법은 이집트 아랍 공화국은 이슬람을 국교로 삼고 아랍어를 국어로 사용하는 민주 국가라고 천명한다. 대통령은 국가 원수로서 내각과 함께 행정부를 구성한다. 입법권은 하원에 있고, 법률을 비준하고 예산안을 심사해서 승인한다. 사법부에는 세속 법원과 종교 법원이 있다. 상원은 개정 헌법이 상원 설치를 다시 규정함으로써 2020년 10월에 개원했다.

【 외교 】

수십 년 동안 중동지역의 주요 중재자였던 이집트는 지역 내 협상과 외교에 적극적으로 개입해왔다. 이집트는 1979년 캠프 데이비드 협정 이래로 이스라엘과 양국 관계를 맺고 있었고 미국을 비롯한 주요 유럽 국가, 그리고 중국과 러시아와 우호 관계를 맺고 있다. 이집트는 또한 유엔과 아랍연맹, 아프리카 연합과 우호적인 관계를 맺고 지역 내 협력과 안정을 위해 노력하고 있다.

경제

나세르 대통령의 경제 정책은 수입 대체 산업, 농업 개혁, 산업화를 중심으로 이루어졌다. 정부 투자가 최우선 과제였으며 1970년까지 대부분의 경제 부문은 국가 소유였다. 사다트 대통령의 '문호 개방 정책'이 이집트의 경제 지형을 바꿔 놓았다.

이후 1991년의 경제 개혁은 시장 경제를 계속 추진해나가기 위해 관세를 인하했다. 새로운 통화정책으로 인플레이션을 낮추고 재정 적자 규모를 줄였으며 민영화 계획에 착수했다. 2004년에 총리였던 아흐메드 나지프는 친기업적 법률을 도입했고, 민간 투자와 외국인 투자를 촉진하는 데 도움을 주고자 관료제의 번거로운 요식 절차를 손질했다. 이집트는 1945년부터 국제통화기금의 회원국이다.

하지만 2007~2008년 세계적인 금융위기와 2011년 이집트 혁명을 거치는 동안 이집트는 경제를 안정시키기 위해 분투했다. 무바라크 대통령이 군사 부문을 경제 부문에 끼워 넣는 조치는 엘시시 정권에서 더 확장되었다. 2019~2021년의 코로나-19 팬데믹과 그에 따른 전 세계적 봉쇄는 인플레이션을 급격히 상승시켰고 이집트 파운드화의 가치를 크게 떨어뜨렸다.

사회 기반 시설과 관련된 지출이 늘었다고는 해도 이집트는 여전히 빈국으로 여겨졌고, 각종 경제 개혁과 보조금 변경은 보통 사람의 일상에 커다란 영향을 미쳤다. 2019년에 더 광범위한 개혁 프로그램의 일부로 연료 보조금이 삭감되고, 전기요금이 인상되었으며, 보조금이 지급된 빵 가격이 25% 올랐다. 2020년에는 정부는 3년에 걸쳐 연료 보조금을 점차 줄여나가겠다고 발표했다. 정부는 국가 재정 부담을 줄이려고 가정용 전기 가격을 평균 19.5% 올렸고 설탕과 식용유를 비롯해 일부 식료품 가격을 올렸다.

　그러는 동안 과밀 인구는 토지와 수자원에 커다란 부담을 안기고 있다. 청년 세대의 실업이 늘어나고 있으며 많은 전문직 종사자가 경제 이민자가 되고 있어서 경제는 해외에서 일하는 노동자가 보내는 해외 송금뿐만 아니라 외국의 원조에 기대고 있다. 이집트는 미국의 원조 대상국 중에서 4번째로 큰 국가다.

【산업】

이집트의 주요 산업은 철강, 섬유, 화학, 시멘트, 설탕, 면직이며 주요 제조 공장은 카이로, 알렉산드리아, 포트사이드, 수에즈에 있다. 이집트의 에너지 부존량은 전통적인 화석 연료나 재생 에너지 모두에서 상당한 규모다. 중동 산유국을 기준으로 보면 적은 양이지만 상당한 양의 석유를 생산하고 있으며 지중해 지역 4개 장소에 천연가스가 매장되어 있다. 이 중에서 가장 중요한 곳은 조호르 가스전으로 포트사이드에서 북쪽으로 약 190km 떨어진 곳에 있으며 지금까지 이집트와 지중해 지역에서 발견된 가스전 가운데 규모가 가장 크다.

이집트에서 발견되는 광물로는 인산염, 소금, 철광석, 망간, 석회석, 석고와 금이 있다.

【 농업 】

이집트의 농경지는 과도한 수준으로 경작되고 있으며 농업은 국내총생산의 약 11.3%를 차지한다. 1970년에 완공된 아스완 댐은 매년 발생하는 홍수를 통제하고 전력을 생산할 목적으로 건설되었고 이 댐 덕에 더 많은 토지를 농업에 사용할 수 있게 되었지만, 상이집트 지역에서 흘러드는 영양분이 풍부한 토사의 양이 줄어들기도 했다.

노동 인구 중 상당수는 농업에 종사한다. 가장 많이 재배되는 작물은 목화이고, 옥수수, 밀, 누에콩, 사탕수수, 양파, 쌀,

감자, 감귤류 순으로 많이 재배된다. 이집트는 2022년 수입을 관장하는 정책을 바꾸기 전까지 전체 식료품의 대략 절반 정도를 수입했다.

엘시시 대통령은 코로나-19 팬데믹 이후 경제를 지속 가능하고 책임감 있게 관리하기 위해서 화학 및 광물 제품, 운송 장비, 식료품, 소비재 등 필수 품목에 대한 수입을 거의 15억 달러 줄였다. 현재 이집트의 주요 수입 상대국으로는 독일, 이탈리아, 중국, 튀르키예, 사우디아라비아, 쿠웨이트, 레바논, 미국, 인도가 있다.

수출이 국내총생산에서 차지하는 비중은 25% 안팎이다. 주요 수출 품목으로는 석유를 비롯한 기타 광물 자원, 화학 제품, 농산물, 육류, 섬유(주로 면직물) 등이 있다. 그 밖의 수출 품목으로는 비금속, 기계와 전자 제품, 식료품, 음료, 담배 등이 있다. 이집트의 주요 수출 상대국으로는 이탈리아, 스페인, 프랑스, 사우디아라비아, 인도, 튀르키예가 있고, 그 밖에 미국, 브라질, 아르헨티나에도 수출이 이루어지고 있다.

【관광】

관광은 이집트 경제를 떠받치는 기둥으로, 이집트가 벌어들이는 외화 수입의 10.7%가 관광에서 나오며 관광 분야가 국내 총생산에서 차지하는 비중은 약 13%에 이른다. 1990년대에 벌어진 테러 위협이 관광 산업에 악영향을 미치기도 했지만, 무바라크 정부는 강력한 대테러 정책을 시행했고 엘시시 대통령 역시 이런 기조를 유지하면서 관련 기반 시설에 추가 투자를 단행했다.

2011년의 혁명과 이후 코로나-19 팬데믹으로 관광이 중단되기도 했지만, 특히 카이로와 이집트 본토를 중심으로 외국인 방문객을 유치하려는 노력을 기울인 결과 관광업 부문은 어느 정도 회복세를 나타내고 있다. 홍해 지역의 휴양지는 늘 사람으로 붐빈다.

무르시가 집권했던 짧은 기간 동안 이슬람주의에 기반한 통치는 관광 산업의 장래에 의문을 드리우기도 했다. 특히 해변 관광을 중심으로 이슬람 율법을 엄격하게 해석해서 적용하면 관광 산업이 타격을 입을 것이라고 우려하는 사람도 있었다. 하지만 이런 일이 실제로 벌어지지는 않았고 그런 우려는 근거 없는 것으로 드러났다. 그럼에도 외국인 방문객은 수영복을 입고 이집트의 아름다운 해변을 만끽할 수 있겠지만, 관광객이 많이 찾지 않는 지역에서는 정중한 태도를 지켜야 한다는 점을 기억하는 게 좋다.

시나이반도에서는 2011년 혁명 이후로 안전과 관련된 문제가 급증했다. 시나이반도의 북부 지역에는 군사작전 기지가 있고, 이 기지는 가스 파이프라인과 안보 시설에 대한 공격을 주도한 이슬람 민병대를 뿌리뽑기 위한 것이었다.

시나이반도 남부는 비교적 영향을 적게 받았기 때문에 관광객은 홍해 지역의 호화 휴양지에 계속 모여들었다. 이집트 전역이 안전하다는 사실은 대체로 분명하다. 하지만 특히 시나이반도 지역은 경비가 삼엄하게 이루어지고 있으며, 관광객은 외딴 지역에서는 검문소와 마주칠 수도 있다. 여행객은 늘 자기 여권을 지참할 것을 권한다.

02

가치관과 태도

이집트인은 세계 각국에서 온 사람과 교류하고 주요 도시에서는 관광객과 이야기를 나눌 수 있다. 도시인 중에는 여러 언어를 구사하는 사람도 많다. 하지만 모두가 영어를 구사할 수 있는 것이 아니라서 그것을 기대하기보다는 몇 마디라도 기본적인 아랍어를 배우려고 노력하는 것이 보기 좋은 행동이 될 것이다.

이집트인의 문화와 사고방식은 깊숙이 뿌리내린 고대 문명의 관습에 따라서, 그리고 다른 문화의 관습을 이집트화하는 식으로 형성된다. 이에 더해서 사이드라고 불리는 나일강 계곡 지역(이집트 남부)과 삼각주 지역(이집트 북부)은 서로 상당히 다르다. 일반적으로 사이드 지역이 더 보수적이고 종교적이다.

물론 현대 이집트인이 관심을 기울이는 문제는 세계 다른 나라의 국민과 거의 똑같다. 도시에 거주하고 교육을 받은 이들은 박식하고 영리하다. 보통 이들이 여행자를 만나서 처음 던지는 질문은 "어느 나라에서 오셨어요?"다. 이런 질문은 여행자가 편안한 마음을 갖게 해 주려는 목적도 있지만 다른 한편으로는 자신이 세계 여러 나라에 대해 잘 알고 있음을 뽐내고 싶은 마음도 있기 때문이다.

이집트는 그만큼 중요한 관광지이기 때문에 이집트인은 세계 각국에서 온 사람과 교류하고 주요 도시에서는 관광객과 이야기를 나눌 수 있다. 교육을 받은 도시인 중에는 여러 언어를 구사하는 사람도 많은데, 이들은 외국어를 기초 수준으로 구사하는 것을 넘어 아주 능숙하게 구사한다. 하지만 모두가 영어를 구사할 수 있는 것이 아니라서 그것을 기대하기보다는 몇 마디라도 기본적인 아랍어를 배우려고 노력하는 것이 보기 좋은 행동이 될 것이다. 외국어를 쓰면서 이집트인에게 다가가면 그 말을 이해하지 못해서 대답하지 않는 일도 흔하게 벌어진다. 이런 일 때문에 이집트인은 불친절하다는 오해를 받기도 하지만, 그런 가능성은 거의 없다. 이집트인은 선천적으로 친절하고 외국인을 비롯한 다른 사람이 편안함을 느낄 수 있도록 최선을 다하기 때문이다. 만약 그런 상황이라면 알고 싶은 것을 그림 등으로 분명히 설명하거나 미소를 지으며 다른 사람에게 다가가 묻는 게 가장 좋다. 무례하게 느껴지는 건 그들의 진심이 아니며, 보통은 수줍어서 대화에 끼어들기를 머뭇거리는 것일 뿐이다.

【 의무감 】

이집트인에게 무엇인가를 부탁하면 이들은 그런 부탁을 반드시 따르려고 애써야 할 의무처럼 여긴다. 이집트인은 요청을 바로 거절하거나 짜증이나 성가심을 억누르려고 진정으로 노력을 기울인다. 거리에서 길을 물었는데 알지 못하더라도 이집트인은 도움을 줄 수 없다고 답하기보다는 어떻게든 추측해서 알려 주려고 한다. 실제로 그냥 "모르겠어요"라고 답하는 게 더 도움이 될 때라도 그렇다. 약속은 쉽게 하지만 그렇다고 모두 지켜지지는 않는다. 이는 상대에게 실망을 주고 싶지 않고 상대의 기대를 저버리기보다는 상대의 요청을 받아들이는 편이 낫다고 여기기 때문일 수도 있다.

【 시간 준수 】

일상을 꾸려나가는 일은 때때로 아무 계획 없이 그때그때 달라지는 것으로 보이기도 한다. 시간 약속은 대체로 지켜지는 편이지만, 상황에 따라 달라질 수 있으므로 인내심을 가지고 기다릴 필요가 있다. 주요 대도시권에서 교통 혼잡이 늘어나고 있고 이런 혼잡으로 약속에 늦는 일이 많다. 약속에 늦는 다고 해서 세상이 끝날 일도 아니고 사업상의 거래가 끝나는 것도 아니다.

대체로 이집트인은 친절하고 쾌활하고 우호적이며 유머 감각이 뛰어나기로 유명하다. 이집트인 대부분은 매일 같이 어려운 조건을 견디며 생활을 이어 간다. 많은 이들이 여러 가지 일을 병행해야 그나마 먹고살 만한 수입을 얻을 수 있지만, 그럼에도 별다르게 호들갑 떨지 않고 자신의 처지를 받아들이는 것 같다. 이집트인은 서구인보다 훨씬 더 눈에 띄게 종교적이어서, 사후세계라는 관념을 받아들이기에 이번 생에서 열심히 노력하면 다음 생에서 그 결실을 거둘 수 있으리라고 생각한다. 이들은 어떤 문제에 맞닥뜨릴 때마다 "인샬라"('신의 뜻대로 하옵소서'라는 의미다)라고 말하는 것을 흔히 들을 수 있다. 이런 평정심은 때때로 무관심으로 해석되기도 하지만 그저 생존을 위한 방편에 지나지 않을 뿐이다.

그렇다고 이집트인이 고분고분하다는 말은 아니다. 이들은 다른 누군가의 자존심을 지켜 주기 위해 최대한 노력하면서도 자신이 모욕받았다고 느끼는 순간에는 분노를 터뜨린다. 가령, 어떤 남성의 아내가 희롱을 당하면, 그 남성은 이를 무시하면 안 되며 이 문제로 주먹다짐을 벌일 수도 있다. 운전 중에 언쟁이 일어나 모욕을 받으면 운전자 두 사람은 자기 자존심을 되찾으려고 상대에게 소리치다가 물리적이지는 않아도 꽤 공격적인 언쟁을 벌일 수도 있다. 이집트인은 특정 장소에서는 꽤 시끄러울 수도 있다. 하지만 서로에게 고함을 치는 사람을 보고 놀라는 여행객이 많지만, 나중에는 그런 행동이 절대로 다툼이 아니며 그저 떠들썩한 대화에 불과하다는 사실을 알게 된다.

【 마트라는 개념 】

고대 이집트의 여신인 마트^{Maat}는 태양신 라의 딸로서 진리와 정의, 그리고 우주의 질서를 의인화한 것이다. 이 여신이 구현하고 있는 균형과 조화, 그리고 도덕과 법이라는 원칙은 사회적 관계를 뒷받침하는 것으로서 고대 이집트 종교와 윤리에서 핵심이 되는 개념이다. 이런 마트의 흔적은 오늘날까지도 여전히 분명하다.

마트라는 개념은 서로를 위해 행동하기, 서로 말하고 경청하기, 서로를 생각하기라는 세 가지 측면을 담고 있다. 이런 의미에서 보면 이 개념은 집단의 필요가 늘 우선시되는 현대 이집트 문화에서 그 중핵에 자리한 연대와 사회 정의라는 개념의 전신이라고 할 수 있겠다. 사회의 질서와 조화가 강조되고, 가족이나 사회적 관계 그리고 그 유대감이 개인적인 바람이나 필요에 우선한다.

이런 근본적 가치관은 일반적으로 사회 계급과 나라 전체에서 한결같기에 이집트인과 어떤 거래를 하든 존중을 기반으로 시작하는 게 중요하다. 의사소통은 행동거지와 사회적 교제를 이끄는 원칙인 샤라프(명예를 뜻한다)를 타인에게 부여한다는 의미에서 정중하게 이루어져야 한다. 명예는 이집트인의 카라마('개인의 존엄'을 뜻한다)와 깊이 연결되어 있다. 이집트인은 자기 가족에 대한 충실성, 타인에 대한 바람, 자비로움, 옷차림, 자신을 드러내는 방식, 권위와 연장자에 대한 존경, 친구와 방문객에게 베푸는 환대 등을 통해 자신의 명예와 존엄을 드러내 보인다.

사회적 지위와 사회 구조

1940년대부터 1952년 혁명에 이르기까지, 인구가 성장하고 교육이 확대되었으며 산업화가 진행되면서 농촌에서 도시 지역으로 이주가 늘어났고 이런 현상을 통해 다소나마 사회적 이동이 일어났다. 사회적 이동이 일어났다고는 해도 여전히 부유한 지주 계급과 농업 노동자 그리고 농부에서 충원된 비교적 새로운 노동 계급은 명확히 구분되었다.

1952년 혁명은 이런 계급 구조를 급격히 바꿔 놓은 바탕을 마련했다. 새로운 사회주의적 이념은 계급 간 장벽을 넘어서는 일이 더는 불가능한 목표가 아니라는 뜻이었다. 상층 계급으로 이동할 수 있는 두 가지 주된 방법은 좋은 교육을 받는 것

아니면 군에서 경력을 쌓는 것이었다. 전문직으로 이루어진 중산층이 확장되었고 나세르 대통령의 임기 동안 산업 노동자라는 새로운 계급이 나타났다. 1952년 혁명 이후에는 군인이라는 새로운 계급도 나타났다. 결국 사회적 지위는 더 이상 재산이나 토지와 연관된 게 아니라 권력이나 정권과의 관계와 연관된 것이 되었다.

1970년 나세르 대통령 사후에 사다트 대통령은 사회주의 경제 체제를 자유방임주의적 자본주의로 바꿨다. 사다트 대통령의 시장 지향적 문호 개방 정책으로 많은 기업가나 이 기회를 잡은 사람이 큰돈을 벌었고 부유한 신흥 중산층이 성장하는 바탕이 마련되었다.

사회적 신분 상승 현상은 지금까지도 계속되고 있으며 그 결과로 계급 구조가 분명히 규정되지 않는 상태다. 오늘날 이집트 사회는 느슨하기는 하지만 세 개의 집단으로 구분된다. 인맥과 돈을 통해서 강력한 힘을 행사하는 최고 부유층이 있다. 이집트인 대부분은 극빈층이며, 교육을 받은 소수의 전문가와 중간 계급이 있다. 이런 계급 구조가 다른 나라에서만큼 제도를 통해 확립된 것은 아니지만 이집트 사회는 매우 계급 중심적인 사회다. 이집트 국민은 자기가 속한 계급 내에서 일하고 사람을 사귄다. 거의 본능적이라 해도 좋다. 부자와 빈자, 배운 자와 못 배운 자, 도시와 농촌 사이에는 사회적 격차가 있다.

부유층은 서구 사회의 수많은 가치관을 받아들이고 있다. 이들은 서구인과 비슷하게 옷을 입고 행동한다. 노트북과 아이팟을 들고 다니며 디자이너 의류를 입는다. 이들을 제외한 사회의 나머지 부분은 대체로 보수적이다. 이들은 전통적 가치관을 지키며 이런 가치관에서는 가족과 종교가 핵심적 역할

· 명예와 평판 ·

외국인이 자신의 긍정적인 면을 강조하거나 자기 가족이 얼마나 대단한 일을 이뤄냈는지 강조하는 이집트인을 만나면 약간 당혹할 수 있다. 외부인이 보기에 이런 행동은 무례하고 자기중심적인 것으로 보일 수 있지만, 이집트인에게 가문과 가문의 명예는 중요한 것이어서 가문의 이름이나 명예에 흠집이 난다면 수치스러운 일이다. 따라서 이집트인은 일반적으로 가문이나 나아가 자기 자신의 명예로운 평판을 주장해야 할 필요성을 느낀다.

을 한다. 중산층이나 전문직 종사자 계층은 규모가 작다. 이들은 고가 브랜드 의류나 장신구의 값싼 복제품을 구매하는 식으로 부유층의 과시적 소비지상주의를 동경하면서도 자신의 종교나 보수주의적 흔적을 유지하려 한다.

또 하나의 명확한 구분은 도시와 농촌 간의 격차다. 도시에 거주하는 상류층은 여전히 농촌지역에 사는 사람이 낙후되었다고 생각한다. 이들이 쓰는 말 중에 팔라('농민'이라는 뜻이다)라는 말이 있는데, 이 말은 경멸조의 표현이고 자기의 특권을 감추려는 어떤 노력도 하지 않는다. 실제로 디자이너 의류와 고가의 장신구를 과시하는 일이 허용되기도 한다. 반면 일부 시골 사람은 도시에 사는 사람이 품행이 단정하지 않고 타락했다고 여긴다. 시골 지역의 계급 구조는 비슷하다.

촌락에서는 여전히 오래된 가문이 중요하지만, 도시에서와 마찬가지로 사회적 지위는 권력과 연관되어 있다. 정권과 가족으로 연결되어 있거나 사회적으로 연줄이 있는 사람은 그렇지 않은 사람보다 훨씬 더 큰 권력과 특권을 누린다.

【 무와자프 되기 】

나세르 대통령은 대학 졸업생이 공공부문에서 평생 일할 수 있는 자리를 보장해주는 제도를 마련했다. 무와자프('정부 공무원'을 뜻한다)가 되는 일은 사회적 지위를 나타내는 상징이다. 이는 연금과 각종 수당을 받는 평생 일자리여서 신용을 유지하거나 할부로 물건을 구매할 수 있고 인위적으로 향상된 생활 수준을 누릴 수 있다. 하지만 인구가 증가하면서 결원이 더는 없는 상태에서 대학 졸업생에게 일자리를 찾아줘야 한다는 문젯거리를 정부에 안겼다. 그 결과 공공부문이 비대해졌고 한 사람이면 충분할 일에 여러 사람을 고용하는 일까지 벌어졌다. 오늘날에도 특히 농촌지역을 중심으로 정부가 더는 일자리를 보장해 줄 수 없는데도 무와자프라는 직함을 얻으려는 욕망은 여전하다. 청년은 편안한 정부 일자리를 원할 수 있지만, 더는 다른 일자리를 거절하지 않으며 더 나은 기회를 찾아 대도시로 이주하는 경향을 보인다. 여력이 되는 사람은 해외로 나가고 교육을 받지 못했거나 여력이 되지 않는 이들은 주요 관광 중심지로 이주한다. 물론 이 두 가지 중 아무것도 할 수 없는 이들도 있으며 이들은 실업자 대열에 서게 된다.

이집트인의 자부심

이집트가 과학 기술 분야에 이바지한 사례는 일반적으로 고대나 중세라는 과거와 관련이 있지만, 이집트가 많은 분야에서 보여 줬던 발명과 혁신은 중단없이 계속 이어지고 있다. 현대이집트에는 과학, 예술, 종교, 천문학, 언어학을 비롯한 여러 분야에서 주목할 만한 선구자가 많이 있다.

역사적으로 이집트는 중동에서 중심적인 위치에 있었기 때문에, 유럽과 아프리카 그리고 중동을 잇는 지식의 통로로 자리매김했다. 프톨레마이오스 왕조 시대(기원전 300년경)에 세워진 알렉산드리아 대도서관에서는 많은 학자가 책을 필사하고 서로 정보를 나누면서 과학과 천문학, 수학과 의학의 발전에 크게 공헌했다. 알아즈하르대학교는 10세기에 세워져 지식을 널리 퍼뜨리는 데 크게 이바지했다. 오늘날에도 이 대학교는 종교적 문제나 철학적 문제에 관해 영향을 미치고 있다. 10세기에 이븐 알 하이삼은 광학이라는 학문을 발전시켰고, 13세기에는 이븐 알 나피스가 체내 혈액의 폐순환 이론을 세웠다.

20세기에 들어서는 사미라 무사 박사Sameera Moussa(1917~1952년)가 구리처럼 값싼 금속의 원자를 분해하는 방정식을 개발하여 더 저렴한 비용으로 원자력 기술을 개발할 수 있게 한 업적으로, '원자력의 어머니'라는 명성을 얻게 되었다. '펨토화학의 아버지'인 아흐메드 제와일(1946~2016년)은 펨토화학 Femtochemistry(아주 짧은 시간에 일어나는 화학반응을 연구하는 화학의 한 분야)에 이바지한 공로를 인정받아 이집트인 최초로 노벨상을 받았다. 하팀 자글룰 박사Hatem Zaghloul(1957년~)는 헤디 라머의 주파수 도약 통신 기술을 바탕삼아 장차 인터넷과 와이파이로 이어질 새로운 기술을 개발했다. 또 다른 노벨상 수상자로는 안와르 사다트(평화상, 1978년), 나기브 마푸즈(문학상, 1988년), 아흐메드 제와일(화학상, 1999년), 무함마드 엘바라데이(평화상, 2005년)가 있다.

이집트는 19세기에 산업화가 이루어졌고 이는 다른 아랍 국가보다 훨씬 빠른 것이었으며 인구는 전체 아랍 인구의 거의 4분의 1에 달했다. 이집트인은 자신이 물려받은 유산과 아랍 세계에서 문화와 정치를 선도하는 나라라는 위상을 매우 자랑스럽게 여긴다. 하지만 자기 나라에 사회적 문제가 있다는 점도 명확히 알고 있다. 빈곤이 만연해 있고 인구는 과밀하며 실업이 이어지고 있어서 국민 대다수의 삶이 어렵다. 이집트인은 명예를 걸고 자기 나라의 밝은 면을 보여 주어야 할 의무가 있다고 생각하기에, 이런 정보를 외국인에게 순순히 인정하거나 공유하기가 쉽지 않을지 모른다. 외국인 앞에서 대놓고 자기 나라의 어두운 면을 이야기하는 건 집안의 치부를 밖으로 드러내는 일이나 마찬가지다. 이집트인 두 사람이 함께 커피를 마시면서 이집트 사회나 정부를 비판하다가도 외국인이 들어오면 곧바로 비판을 멈출 것이다. 실제로 외국인이 자기 나라에 대한 이집트인의 솔직한 이야기를 듣고 싶다면 우선 이집트를 칭찬하고 봐야 한다.

사회적 관계망

이집트는 집단이 개인보다 훨씬 중요한 사회다. 이집트인은 친구 사귀는 일을 정말 좋아하고 결혼하지 않은 사람도 혼자 살기를 꺼린다.

사회적 관계는 사회적 의무를 중심으로 맺어진다. 누군가가 아프면 가족과 친구는 그 사람에게 도움을 아끼지 않는다. 마찬가지로 누군가가 여행에서 돌아오면 가족과 친구는 그 사람의 귀환을 열정적으로 반긴다. 친구와 친척은 갓 결혼한 부부의 신혼집을 찾아가 축하를 건네고 아이를 낳으면 출산 직후에 아기 선물을 들고 산모를 찾아간다.

누구도 외톨이라거나 도움을 받지 못한다고 느낄 필요가 없다. 남편이 출장으로 집을 비우면 아내는 그동안 자기 어머니와 함께 지내라는 권유를 받기도 하고, 사별한 부모가 자식과 함께 살기도 한다. 이런 전통적 지원망은 바쁘게 돌아가는 생활 방식과 소셜 미디어로 연락을 주고받는 편리함으로 인해 사회적 고립감이 심화하고 있는 요즘 같은 세상에서 특히 중요하다. 강력한 사회적 관계망, 가족, 이웃, 친구는 자신이 사랑하는 사람이 고립되지 않도록 지켜 준다. 친구와 가족은 축하할 일이 있거나 어려운 일이 닥칠 때 함께 모인다.

가족은 이집트에서 가장 중요한 사회 집단이다. 가족 간의 유대는 매우 강하고 이집트에서 가족은 정신적 지원은 물론 가능하다면 금전적 지원을 마다하지 않는다. 이집트인은 홀로 여행하는 외국인에게 가족이 어디 있는지 묻곤 하는데, 이는 꼬치꼬치 캐묻기 좋아해서가 아니라 가족의 지원을 중요하게 생각하기 때문이다.

이집트인은 지인이 많고 인맥이 넓으며 친구를 자주 찾아보고 정기적으로 안부를 물으며 우정을 유지한다. 이웃은 우정을 맺을 가능성이 아주 큰 상대다. 오래된 건물에서는 가족이 여러 세대에 걸쳐 아파트를 물려받아 거주하기도 하는데, 여기서 이웃은 아주 친밀한 존재일 뿐만 아니라 위급한 상황에서 연락할 수 있는 대상이 되기도 한다. 가난한 지역에서는 자원을 훨씬 더 자주 모아야 하기에 이웃 간의 관계가 특히 더 친밀하다.

외국인이라면 적어도 이웃과 인사 정도는 나누고 공동 건물에서 생활할 때는 겸손과 존중을 중시하는 이집트 관습을 지키는 것이 현명하다. 이웃이나 건물 안내인에게 파티에 평소보다 많은 사람이 참석할 것이고 음악 소리가 평소보다 시끄러울 수 있다고 미리 알려 주면, 이런 행동은 이웃을 존중하는 마음을 보여 주는 동시에 불필요한 호기심이나 불평을 유발할 가능성을 줄여 준다.

인맥은 사업에서나 일상에서 모두 활용된다. 개인적 친분이라는 차원은 삶의 모든 측면에서 중요한 역할을 한다. 사람을 통한 추천이 훌륭한 이력서보다 더 좋은 인상을 주고 신뢰도도 높다. 여기서 중요한 건 인맥이다. 예컨대 이집트인이 배관공을 찾느라 인명록을 뒤질 가능성은 거의 없고 자신이 믿는 누군가가 추천한 사람의 서비스를 이용하는 편을 택한다. 또한 배관공은 자기 고객이 언급한 사람이라면 그 사람의 일을 우선해서 처리한다.

종교

이슬람교는 이집트의 국교이며 이집트 전체 인구의 약 90% 이상이 수니파 이슬람교도다. 소규모의 시아파 이슬람이나 바하이 신앙 공동체를 제외하면 나머지는 기독교도이며 대부분 콥트 정교회 소속이다.

【 콥트 정교회 】

세계에서 가장 오래된 기독교 공동체 중 하나인 콥트 정교회는 1세기에 기독교를 받아들였던 고대 이집트인의 후예다. 콥트어는 하미토-셈Hamito-Semitic 어족에 속하는 언어로 콥트 정교회의 의례에 사용되는 공식 언어다. 그리스 문자에 몇 가지 문자를 추가하여 사용된다. 콥트 정교회는 알렉산드리아 대주교가 이끌고 있다.

　외국인이 보기에는 이집트의 콥트교도와 이슬람교도가 전

혀 구분되지 않는다. 이들은 같은 가치관을 공유하고 같은 집단에 섞여 있다. 이집트의 콥트교도는 어느 사회에서나 소수 집단이 그렇듯 자신의 종교를 철저히 지키고 있다. 모든 지역에 가족이 함께 다니는 대형 교회가 있다. 각 가족은 사제를 선택해 고해성사를 받으며 이 사제는 가족의 상담사 역할을 하기도 한다.

【 이슬람교 】

이슬람교는 자신이 신과 맺는 관계뿐만 아니라 모든 대인관계와 일상생활까지도 규정한다. 이집트에서는 이슬람교를 눈으로 볼 수 있고 귀로 들을 수 있으며 실제로 느낄 수 있다. 하루에 다섯 번 기도를 알리는 소리가 모든 이슬람 사원에서 울려 퍼지며 『쿠란』의 구절을 적어놓은 액자가 온 가정의 벽에 걸려 있다.

운명은 대중적인 이슬람교에서 중요한 역할을 한다. 운명이라는 이 개념은 자기 삶에서 일어나는 모든 일이 알라의 뜻이라는 믿음을 떠받친다. 대체로 교육을 받지 못한 이집트 하층민 사이에서는 이슬람교가 성자를 숭배한다거나 마술을 사용한다거나 이교도 의례를 행한다거나 하는 것처럼, 공적으로 인정된 정통 신앙에 반하는 것으로 생각되는 온갖 관행이 만연해 있다.

이슬람교도는 평생 신앙고백, 기도, 희사(喜捨), 금식, 할 수 있다면 성지순례라는 다섯 가지 의무를 다해야 한다. 이슬람교도는 라마단의 시작 달부터 23년 후 선지자 무함마드가 사망할 때까지 천사 가브리엘이 무함마드에게 구술한 내용을 기록한 『쿠란』을 신의 말씀이 담긴 신성한 책으로 여긴다. 『쿠란』은 '수라'라는 114개의 장으로 이루어져 있으며 각각의 장은 '아야'라는 절로 나뉘어 있다. 『쿠란』은 처신과 사회와 율법의 문제를 다룬다. 무함마드가 『쿠란』을 받은 이후, 『쿠란』을 충실히 지키기 위해 엄청난 노력을 기울였고, 무엇보다 『쿠란』의 구절을 전부 암송하는 데 주력했다. 『쿠란』은 이슬람교의 중요한 신학적 바탕이다. 적어도 이론적으로 『쿠란』의 해석은 끊임없이 진화하고 있으며 오늘날까지도 수많은 이슬람 신학자가 『쿠란』을 연구하고 있다.

이슬람교의 두 번째 원천인 『하디스』는 선지자 무함마드의 행동과 말을 모아놓은 언행록으로 『쿠란』을 보완할 목적으로 사용되는데 이를 바탕으로 신자에게 종교적이고 율법적인 지침을 내리게 된다. 『하디스』는 결국 성문화되었다.

이슬람교도가 이슬람교의 기본 규칙에 동의하기는 해도 다양한 사회 집단은 자신의 일상생활에서 이 종교를 다르게 적용한다. 농촌지역에 살거나 중하위 계층에 속한 이들이 조금 더 신실하다. 부유층, 다시 말해 서구적 생활 방식을 받아들인 많은 이들은 자신이 신자라고 생각하면서도 가끔은 자신의 생활 방식(음주나 자유연애 등과 관련된)을 잘못된 것으로 생각해 죄책감을 느끼기도 한다. 이집트인은 공공연하게 자신이 불가지론자거나 무신론자라고 말하는 사람을 보면 못마땅하게 생각한다. 실제로 어떤 사람이 자신은 신을 믿지 않는다고 말하면 이는 아주 심한 모욕으로 여겨지기도 한다.

이슬람교는 신의 마음에 들기 위한 명확한 삶의 규칙에 기반을 둔 종교이고 이집트인 대부분은 보수적인 이슬람교도지만, 모든 종교가 그렇듯 그 추종자가 이슬람을 믿는 방식은 각양각색이다. 최근에는 와하브파, 살라프파, 수피파 이슬람이 인기를 얻고 있다.

【 와하브파와 살라프파 】

와하브파는 살라프파의 일파다. 살라프와 와하브라는 말은 서로 바꿔 쓰기도 하지만 완전히 같지는 않다. 와하브파는 18세기 중반에 생겨났고, 살라프파는 수백 년 동안 존속하면서 전세계로 퍼져나갔다. 이들 두 집단이 경전 문구를 그대로 따르는 보수적인 방식으로 이슬람 신학과 율법에 접근한다. 이집트의 와하브파는 순수 전통주의보다는 종교적 합의를 강조한다.

반면 살라프파는 『쿠란』과 순나(선지자 무함마드의 전통)를 바탕으로 한 살라프(선조 또는 선지자 무함마드의 동료) 중에서 더 강력한 입장을 추종한다. 살라프파와 와하브파는 이슬람의 순수성을 유지하려고 애쓰면서 『쿠란』이나 선지자 무함마드가 명확히 정하지 않은 믿음과 관행을 거부하는 한편, 무덤이나 성인을 미화하거나 무덤에서 기도하는 행위 등을 일탈이자 이단으로 간주한다.

수피파는 이슬람 신앙과 수행의 신비적 분파로, 신자는 이를 통해 자기 내면에서 내재적이고 순수하며 원초적인 피트라(신의 일체성을 인식하는 타고난 인간 본성 - 옮긴이)의 상태를 회복하려고 노력함으로써 신에게 더 가까이 다가가고, 이번 삶에서 신의 존재를 받아들이려고 애쓴다. 이 세계에서 신의 사랑과 지혜를 직접 체험할 수 있도록 고안된 다양한 수피파의 길이 있다.

【 이슬람 사원 】

카이로는 종종 "천 개의 미나렛을 품은 도시"로 일컬어진다. 모스크, 즉 이슬람 사원의 시작점은 이슬람교 초창기로 거슬러 올라가며, 그 이후 아바스 왕조, 파티마 왕조, 맘루크 왕조, 오스만 제국 시대를 거쳐 현대에 이르기까지 그 시대에 맞춘 다양한 건축 양식에 따라 세워졌다. 이집트에서 이슬람 사원을 찾아보고 싶다면 지켜야 할 일정한 지침과 규칙이 있다. 이슬람교도가 아니라면 기도 시간에 이슬람 사원에 출입할 수 없다는 점에 유의하자.

- 단정한 복장을 착용하라. 무릎 위로 올라오는 반바지를 입어서는 안 된다. 여성이라면 머리카락을 가리고(일부 사원에서는 입구에서 스카프를 제공하기도 한다), 얼굴과 손발을 제외한 모든 부위를 가려야 한다. 헐렁한 바지나 긴 치마가 적당하며 길고 헐렁한 셔츠가 좋다. 몸의 윤곽이 드러나는 옷은 피해야 한다.
- 남녀 출입구가 별도로 마련되어 있다. 신발은 입구에 벗어 놓아야 한다.
- 이슬람 사원에서는 보통 바닥에 앉지만, 노약자, 장애인, 임

산부에게는 의자가 제공되기도 한다. 바닥에 다리를 쭉 펴고 앉아서는 안 된다.

- 공공장소에서 지켜야 할 일반적인 예절 규칙이 모두 적용된다. 다만 엄격히 적용될 뿐이다. 누구든 기도 중인 사람 앞을 가로막지 않는 것이 중요하다.

여성에 대한 태도

이집트는 이슬람 사회이고 따라서 서구의 기준에 비춰보면 여성에 대한 태도는 진보적이라고 여겨지지 않을지도 모른다. 하지만 이슬람교도인 남성이 자신을 여성보다 우월하다고 여긴다는 서구의 통념은 거부해야 할 일종의 근거 없는 믿음이다. 이슬람교는 남성에게 여성을 보호하고 부양하며 재정적으로 지원해야 할 의무를 지우고 있으며, 이는 이집트에서만 나타나는 예외가 아니라 마땅히 지켜야 할 규범이다. 다른 모든 사회에서와 마찬가지로 여성에 대한 태도는 보수적인 태도에서 자유주의적인 태도까지 다양하게 나타난다. 하지만 여성이 가사를 주로 담당하는 주부인 경우가 많고 교육을 받은 여성도 이 역할을 맡는 데 반대하지 않는다. 남편이 자기 아내에게 일을 포기하고 아내와 엄마의 역할에 충실해달라고 요청할 수도 있다. 교육을 받은 전문직 여성에게야 선택권이 있을 수 있겠지만, 농촌 여성이 그런 선택권을 갖거나 자기 남편의 결정을 거스를 가능성은 거의 없다.

최근 수십 년에 걸쳐 교육과 고용 부문에서 여성이 처한 상황이 근본적으로 바뀌었다. 노동 인구 중 여성의 숫자는 1960년대 이래로 꾸준히 증가하고 있으며 여성의 법적 지위를 놓고 중대한 개혁도 이루어졌다. 하지만 이런 사실에도 불구하고 이집트 사회에는 여전히 성별 불평등이 존재한다.

성별 격차는 농촌지역에서 가장 두드러진다. 빈곤층 가족에 경제적 압박이 가해지면 많은 부모는 어쩔 수 없이 학교에서 자기 아이를 자퇴시키고 가족의 벌이를 돕도록 할 수밖에 없다. 일반적으로 학교에서 첫 번째로 자퇴시키는 아이는 딸이다. 이런 여성은 어린 나이에 결혼해서 집안일을 떠맡게 될 가능성이 크다.

이집트에서는 법률상 남성과 여성 간의 임금에 차별이 없다. 하지만 사회는 여성에게 본연의 의무는 집안일이니 덜 힘든 일을 하라고 압박한다. 하지만 상류층과 중산층의 많은 여성은 일도 하고 가족도 돌봐야 하는 전문직 종사자다. 이런 상황에서 이들의 지위는 남편의 재산과 이들이 얼마나 많은 가사 지원을 받는지에 따라 측정된다.

한 가족의 명예는 그 가족에 속한 여성의 평판에 크게 좌우되며, 명예가 훼손되면 그 가족의 사회적 지위가 손상될 수 있다. 여성은 결혼식 날 처녀여야 하며 혼전 성관계는 (아주 조심스럽게 이뤄질 수도 있지만) 절대 금기다. 이런 이유에서 가족은 남자아이보다 여자아이를 더 엄격하게 대하는 경향이 있다. 이슬람 남성은 유대교나 기독교 여성과 결혼할 수 있지만, 이슬람 여성은 신앙에서 벗어나 결혼하는 것이 법적으로 금지되어 있다. 외국인 여행자와 이집트인 사이에서 연애 감정이 꽃피는 일도 적지 않다. 일반적으로 이집트 여성과 사랑에 빠져 결혼을 바라는 서구 남성이라면 반드시 이슬람교도이거나 이슬람교로 개종해야 한다.

여성의 사회적 지위는 결혼, 이혼, 상속에 관한 규칙을 개괄하는 이슬람 율법, 즉 '샤리아'에서 비롯된다. 이슬람 율법에 따르면, 일부다처제가 허용된다. 남성은 최대 4명까지 아내를 둘 수 있지만, 이런 일은 아내 여럿을 동등하게 부양할 수 있는 경제적 능력이 있는지에 달려 있다. 이집트 의회는 여성에게 더욱 평등한 권리를 보장하기 위해 2000년 이후 두 차례에 걸쳐 개인 신분법을 개정했다. 이슬람에서 남성은 자기 아내가 동의하지 않아도 이혼할 수 있다. 여성이 이혼하려면 남편의 부정행위를 입증할 책임은 여성에게 있다. 이혼에 필요한 법정 절차에는 보통 긴 시간이 걸리기에 많은 여성이 이혼 소송을 시작조차 하지 못한다. 최근 법이 개정되면서 여성은 아주 쉽게 이혼할 수 있게 되었다. 다만 그 조건으로 남편의 재정적 의무가 면제되는데 여성은 이런 조건을 고려해서 이혼 여부를 판단한다. 특히 계속 주부로 살아왔고 공식 노동 부문에서 쓸 만한 기술이 없는 여성은 더욱 그렇다. 법이 여성에게 이혼을 허용하도록 바뀌었더라도 결혼을 유지하라는 사회적 압력이나 경제적 압력이 가해지고, 이런 압력은 다른 나라 여성이 겪는 것과 다르지 않다.

이슬람주의 운동이 부상하면서 전통적인 성 역할도 강화되었다. 여성은 문화적 가치와 전통의 수호자로 여겨지며, 이를 다음 세대로 전수하는 데 자부심을 느낀다. 히잡, 즉 머릿수건을 착용하는 일은 이슬람교도임을 표현하는 일이 종교를 지키는 모습을 밖으로 드러내는 일과 일치하는, 보수성향이 더 강한 이슬람 국가에서 지역적 관습에 영향을 받고 있음을 가장 두드러지게 보여 주는 표시다. 1990년대까지 이슬람교도인 이집트 여성은 훨씬 더 자유롭게 자신이 입을 옷을 선택할 수 있었다. 오늘날에는 대부분 히잡을 착용한다. 최근 들어 얼굴 전체를 가리는 베일인 니캅을 착용하는 일도 눈에 띄게 늘어나고 있지만, 얼굴을 전부 가린 여성이 모두 이집트인이라고 가정하는 건 그릇된 생각이다. 이집트는 여전히 중심적 역할을 하는 국가로서 중동 전역에서 온 많은 주민이 거주하고 있다.

인샬라, 신의 뜻대로

이집트인은 대체로 운명론자이고 미신을 믿는다. 행운은 알라가 베푼 자비이고 불행은 알라의 뜻이다. 좋든 나쁘든 어떤 일이 벌어지면 축복으로 여겨진다. 알라에 대한 복종은 심지어 일상의 대화에서도 분명히 드러난다. "인샬라"라는 말은 '신의 뜻대로'라는 뜻이다. 이집트인은 의도를 보여 주는 모든 문장에 이 말을 끼워 넣는다. 이 말을 쓰지 않으면 운명을 시험해 보려는 사람으로 여겨진다.

따라서 미래 시제로 이야기할 때는 반드시 "인샬라"라는 말을 써야 한다. 이집트인은 절대로 "나는 내일 알렉산드리아에 갈 거야"라고 말하지 않는다. 대부분은 틀림없이 이렇게 말한다. "나는 내일 알렉산드리아에 갈 거야. 알라가 원하시면." 최종 결정은 알라의 결정이다. "인샬라"라고 말하는 걸 잊었다면 누군가가 끼어들어 그 말을 빼먹었음을 알려 준다. 가령 "내일 알렉산드리아에 갈 거야?"라고 물었는데 "그럴 거야"라고 대답하면, 질문한 사람이 대신해서 대답에 빠진 "인샬라"라는 말을 덧붙인다.

오늘날 실제로 이 말의 사용이 엄청나게 늘어나고 있다. 이말은 어떤 질문에 대해서 할 수 있는 이도 저도 아닌 가장 손쉬운 대답이 되었고 "그래", "그럴 수도 있지", "그렇지 않을 수도 있지" 그리고 "아니"라는 뜻일 수 있다. "이 일 다 됐어요?"라고 물으면 그 일을 다 마무리했으면서도 "인샬라"라는 대답이 돌아오는 어처구니없는 상황이 벌어지기도 한다. "인샬라"라는 말을 쓰는 방식은 많은 외국인에게 혼란과 당혹스러움을 안겨 줄 수 있지만, 외국인 친구끼리 이집트인 앞에서 대놓고 이 말을 농담조로 사용하면 모욕으로 들릴 수 있다. 실제로 종교에 관련된 격언이나 관습, 특히 알라에 대해서 대놓고 농담하는 일은 현명하지 못한 행동이다.

뒷돈 경제

경직된 관료제, 무상이기는 하지만 종종 제대로 운영되지 않는 교육제도, 열악한 임금 탓에 부패가 만연하고 사회적 책임감이 다소 무뎌지고 있다. 이집트인 다수는 사회 최상층이 훨씬 더 부패했다고 생각하기에 규칙을 어기는 데 아무런 거리낌도 없다. 현 체제에서 아무 권력도 없는 가난한 다수는 현재 상태를 바꿀 수 없으니 대가도 없는 일에 개인적으로 막대한 노력을 들여봐야 아무 소용 없다고 생각하는 경향이 있다.

보통의 이집트인이라면 별다른 생각 없거나 아니면 억지로 만들어진 관료주의의 장애물을 마주치기 일쑤고 그렇다 보니 일을 진행하려면 기름을 치는 일만이 유일한 방법인 경우가 꽤 있다. 하지만 어떤 경우에도 뇌물을 제공해서는 안 된다.

와스타

이집트인은 대개 가족이나 친구나 지인으로 이뤄진 사회적 인맥에 기대어 지원을 얻는다. 이런 인맥이나 친분은 특히나 국가 제도가 점점 더 예측 불가능해지고 부패가 심해지는 상황에서 훨씬 더 중요해지고 있다. 오랜 친구에게 전화를 걸어 부탁하거나 줄을 대는 일은 상식에 가까울 뿐 아니라 필요하거나 원하는 얻을 수 있는 유일한 방법인 경우가 많다.

와스타[wasta](인맥, 친분)는 좋은 일자리를 얻거나 때로는 좋든 나쁘든 일자리 자체를 얻는 데 필수적이다. 자신이 가진 인맥을 넓히고 유지할 필요가 있다는 말이다. 가족에게 제일 먼저 부탁하는 게 일반적이지만 가족에 필요한 인맥이 없을 수도 있으므로 필요에 따라 친구나 지인을 이용하기도 한다. 동전의 다른 면은 와스타를 통해 결국 자격이 되지 않거나 아무 관심도 없는 일자리를 얻을 수 있다는 점이다. 여기서 중요한 건 당신이 무엇을 아느냐가 아니라 누구를 아느냐인 경우가 많다.

강력한 와스타를 가질 가능성이 거의 없는 이집트의 소외계층은 권력이 있는 사람에게 다가갈 때 조심스럽거나 심지어 아부하는 태도를 보이는 일이 흔하다.

관용과 편견

이집트 사회가 보수적이기는 하지만 이집트인은 외국인의 '이상한' 관습에 무척 관대한 편이고, 일반적으로 외국인이라서 다를 것이라고 기대한다. 하지만 용납되지 않는 것도 있다.

동성애가 불법은 아니지만 종교적 이유와 사회적 이유로 이슬람교도나 기독교도 모두 동성애를 인정하지 않는다. 하지만 동성애를 성적 방탕 행위로 간주해 1961년 제정된 형법 제10조나 2008년에 제정된 사이버 범죄법 제175조의 가족 가치 관련 조항에 따라 동성애자를 기소할 수 있다. 이집트에도 동성애자 공동체가 있으나 보통은 자신의 사생활을 조심스럽게 보호하며 동성애자를 배척하거나 그 사실을 폭로하지 않을, 아주 친하고 자유로운 생각을 가진 친구에게만 자신의 성 정체성을 드러낸다. 남성 둘이 포옹하거나 팔짱을 끼고 걷는 일은 문화적 관습일 수 있겠지만, 남성 간에서 로맨틱하고 성적인 애정을 공공연하게 드러내 보이는 행위는 용납되지 않으며, 체포까지는 아니더라도 강한 반감을 불러일으키거나 폭력으로 이어질 가능성이 높다.

마찬가지로 이성애자 커플이라도 애정을 드러내 보이는 행위도 용납되지 않는다. 길거리에서 키스하는 행위는 많은 사람의 눈총을 받으며 그 주변에 있는 이들은 그런 행위를 불편하게 느낀다.

이집트인은 스스로 인종차별적일 수 있다는 어떤 주장도 단호히 거부하겠지만, 안타깝게도 대부분의 개발도상국에서와 마찬가지로 이집트에서도 전 세계 인구를 문화와 인종의 위계질서에 따라 분류한다. 일반적으로 서양의 백인이 맨 위에 있고, 이집트인이 그다음이고, 아랍인과 아시아인, 그리고 마지막으로 아프리카인이 그 뒤를 잇는다. 이런 태도가 인종차별적이라는 점에는 의문의 여지가 없지만, 가령 현지의 수단인에 대한 폭력적인 표현을 찾기는 힘들다. 인종차별을 찾아볼 수 있는 경우는 기껏해야 경멸하는 말이나 조롱에 국한된다.

유머 감각

여러 세기 동안 점령당했던 경험이 있고 경제가 어렵다 보니 이집트인에게는 자기를 보호하는 중요한 수단으로 유머 감각이 몸에 배어 있다. 이집트인은 사회적 관계나 현지의 정치, 외국인이나 이집트인 자신을 조롱의 대상을 삼는다. 종교는 이집트인 자신에게 최고의 것이지만, 도를 넘지만 않는다면 종교조차 농담의 대상이 된다. 어떤 문화에서든 농담은 고정관념을 중심으로 이루어진다. 이집트에서는 하이집트인이 '남부 출신 남자'(상이집트인을 말한다)를 가리켜, 거칠고 고집이 세며 멍청하다는 식의 농담을 들을 수 있다.

풍습과 전통

라마단은 이집트에서 큰 행사고 축제 분위기가 전국을 휩쓴다. 거리는 장식물로 꾸며지고 가정에서는 이 행사를 미리 준비하며 금식하는 이들을 위해서 업무 시간이나 수업 시간이 변경된다. 라마단 기간은 한 해 중 방문하기 좋은 때이며 이프타르 중에는 현지인이 지나가는 외국인을 초대해 함께 어울리기도 한다.

이집트에서 풍습과 전통은 이집트인의 삶에서 핵심적인 역할을 한다. 그런 풍습이 대부분 종교에 기원을 두고 있기는 하지만, 그 사회적 기능은 바로 사회를 하나로 묶는 데 있다.

달력

이집트는 기독교력(그레고리력과 콥트력)과 이슬람력을 함께 쓴다. 비즈니스에서는 일반적으로 그레고리력이 쓰이지만, 종교 휴일은 종교력에 따라 정해진다.

이슬람력은 달의 모습 변화를 기준으로 음력 12개월로 이루어진다. 태음년은 354일이어서 그레고리력을 기준으로 하면 날짜가 달라진다. 이슬람력은 그레고리력 622년에 선지자 무함마드가 메카에서 메디나로 이주한 해부터 시작된다.

콥트 달력은 13개월로 구성되어 있다. 12개월은 각각 30일이고, 마지막 달은 윤년인지 여부에 따라 5일 또는 6일이다. 이 달력은 종교적 맥락에서 콥트교도뿐 아니라 모든 이집트인이 사용한다. 날씨나 농사철이나 수확은 모두 콥트력으로 이야기한다. 이집트인이라면 누구나 콥트력으로 캄신(매년 남쪽에서 불어오는 바람과 모래폭풍)이 부는 시기를 계산한다.

국경일

공휴일이나 국경일은 온 국민이 함께 축하하는 날이다. 종교적인 휴일도 있고 세속적인 휴일도 있다. 날짜가 정해져 있는 휴일도 있고 날짜가 바뀌는 휴일도 있다. 이슬람 금식월을 뜻하는 라마단은 공휴일은 아니지만 이슬람교도가 대부분인 이 나라에서 가장 중요한 달이다.

라마단

이슬람 음력 아홉 번째 달인 금식월 라마단은 선지자 무함마드에게 『쿠란』을 계시한 달로 알려져 있다. 라마단 동안에는 병자, 노약자, 임산부를 제외한 성인 이슬람교도는 모두 일출부터 일몰까지 식사나 음주나 성관계를 삼가면서 금식한다.

　　라마단은 이집트에서 큰 행사고 축제 분위기가 전국을 휩

카이로 구시가지에 있는 알 리파이 모스크에서 기도드리는 모습

쓴다. 거리는 장식물로 꾸며지고 가정에서는 이 행사를 미리 준비하며 금식하는 이들을 위해서 업무 시간이나 수업 시간이 변경된다. 라마단 기간은 한 해 중 방문하기 좋은 때이며 이프타르('금식의 해제'를 뜻한다) 중에는 현지인이 지나가는 외국인을 초대해 함께 어울리기도 한다. 통근자가 집으로 돌아가는 길에 금식이 끝나는 경우가 많다 보니, 이프타르 동안 통근자에게 물이나 대추야자를 나눠 주는 사람을 볼 수 있다. 특히 라마단이 뜨거운 여름철일 때라면 이런 친절한 행동을 감사한 마음으로 받아들인다.

전통적으로 사람들은 초승달이 공식적으로 보이고 금식이 선포될 때까지 기다려야 했다. 오늘날에는 물론 음력달이 시작되는 때를 미리 알 수 있지만, 달을 찾아보는 전통은 그대로 지켜지고 있다. 예전에는 달을 잘 볼 수 있는 곳으로 가는 행렬이 있었고 파와니스^{fawanis}(등불이라는 뜻으로, 단수는 파누스)라는 등불을 들고 길을 밝혔다. 오늘날 파와니스는 집 밖이나 거리나 상점에 매단 정교한 장식품으로 발전했으며, 아이에게 형형색색의 등불을 선물하는 풍습이 이어지고 있다.

　　라마단 기간에는 정해진 다섯 번의 기도 후에 매일 저녁 이

카이로 칸 칼릴리 시장에서 라마단 기간 동안 이프타르를 즐기고 있는 모습

슬람 사원에서 타라위^{Tarawih}라는 기도를 한 번 더 드린다. 이 기도에 참여하는 건 자발적이지만 이 강력한 기도는 적극 권장되며 집에서도 올릴 수 있다.

라마단이 시작되는 첫날에는 보통 가족과 함께 하루의 금식을 마치는 저녁 식사를 한다. 이런 이프타르는 격식을 따지는 일로 많은 준비가 필요하다. 대부분 해가 질 때까지 기다렸다가 기도를 드리고 식사를 시작한다. 선지자 무함마드는 대추야자 몇 개와 양젖 한잔으로 하루의 금식을 마쳤다고 전한다. 오늘날에도 많은 사람이 이런 전통을 이어 가고 싶어 한다. 이프타르는 보통 수프를 비롯해 고기, 밥이나 면, 채소 등 여러 가지 요리로 이루어진다.

이프타르가 끝나면 가족은 텔레비전 앞에 모여 앉아 차를 마시고 디저트를 먹으면서 다양한 라마단 특집 프로그램을 시청한다. 시청률이 보장된 대규모 시청자 덕분에 대부분의 텔레비전 프로그램 제작사는 라마단 기간에 방영되는 드라마에 막대한 예산을 쏟아붓는다. 배우가 얼마나 유명한지를 알고 싶으면 이 기간에 그 배우가 출연한 작품이 있는지를 보면 된다. 광고 회사는 라마단 기간에 걸릴 광고를 위해 엄청난 금액의 돈과 창의력과 인재를 따로 마련해둔다.

자선과 호의는 라마단에서 중요한 원칙이다. 이 때문에 이프타르 시간에 맞춰 집에 도착하지 못한 사람에게 생면부지의 사람이 대추야자나 과일을 건네는 일도 흔하다. 이슬람 사원 밖에는 나무나 플라스틱으로 만든 긴 식탁에 올려 두고 금식 중이거나 먹을 장소가 마땅치 않은 사람에게 무료로 음식을 제공한다. 이슬람 사원이 아니더라도 나라 곳곳에서 부유한 사람이 형편이 어려운 사람을 위해 마련해 놓은 마와이드 엘 라흐만mawa'id el rahman('자비로운 자의 식탁'이라는 뜻이다)이라는 식탁을 볼 수 있다. 구걸하는 사람이나 거리 청소부가 이 식탁에서 한 자리를 차지하려고 한 달 내내 길게 줄을 서는 일도 흔하다. 이프타르 중에는 누구도 혼자 있어서는 안 된다는 생각으로, 이프타르를 즐길 여유가 있지만 때맞춰 집에 돌아가지 못하는 사람도 환영받는다. '마와이드 엘 라흐만'을 마련해 둔 이집트인이 행인이나 카페 손님을 청해 식사를 함께 나누는 일도 흔한데, 그런 초대에 기꺼이 응해 함께 식사하는 일은 친절하고 정중한 행동이 된다.

수후르suhur는 라마단 기간 중 하루의 마지막 식사로 보통은 다음 날 금식이 시작되는 해뜨기 직전에 먹는다. 일반적으로 이집트 콩, 치즈, 달걀, 요구르트나 그밖에 가벼운 먹거리를 차린다.

대도시에서는 수후르가 꼭 지켜야 하는 식사에서 상업적인 대규모 행사로 변모했다. 오늘날에는 호텔이나 기업이나 개인이 라마단 천막이나 대형 차양을 설치하고 세트 메뉴, 음악, 라이브 공연을 제공한다. 이런 행사의 가격이나 화려함은 천차만별이다. 규모가 큰 곳 가운데 일부는 호화로운 환경에서 모든 프로그램을 제공하며, 때로는 와스타(인맥)가 있어야 입장할 수 있다.

새벽 3시 무렵이 되면 메사하라티^{misaharati}('북 치는 사람'을 뜻한다)가 주택가 거리를 돌며 북을 세 번 두드려 신도에게 자리에서 일어나 아침 기도 전에 수흐르를 들 시간임을 알린다. 아침 기도는 이렇다. "오 잠든 자들이여, 깨어나 알라를 찬양하라. 용서의 달, 라마단에 든 그대를 환영하노라." 전통적으로 메사하라티는 이웃에 사는 사람을 잘 알고 있었고, 그런 이웃의 이름을 부르기도 했다. 그가 거리를 돌아다니면서 작은 북을 치면 놀랄 만큼 큰 소리가 사방 몇 블록에 걸쳐 들려온다.

오늘날에는 보통 해뜨기 전 마지막 식사를 놓치지 않으려고 알람 시계를 맞춰 놓는다. 부유한 지역에서는 메사하라티가 완전히 사라졌지만, 그 밖의 지역에서는 여전히 메사하라티라는 문화적 경험을 기대하고 즐기고 있다. 메사하라티는 자원해서 그 일을 하지만 라마단이 끝나면 주민은 그에게 음식이나 현금을 수고비를 건네기도 한다.

라마단 기간에는 종교적 영성과 축제 분위기가 온 나라를 휩쓸지만, 아무것도 먹고 마시지 않는 일에 적응해야 하는 첫 며칠 동안은 약간의 긴장감이 감돌기도 한다. 특히 라마단 기간이 여름인 해에는 날씨는 덥고 낮이 길어 단식 자체가 고역일 수 있다. 특히 커피를 자주 마시는 사람이나 흡연자는 나름의 금단현상으로 힘들어하다가 분노를 폭발시키기도 한다.

대도시에서는 친구나 가족과 이프타르를 함께 하기 위해 퇴근을 서두르는 사람으로 교통 정체가 이어진다. 기업 대부분은 라마단 기간 중 하루를 통째로 비우고 식당을 빌려 회사 이프타르를 진행한다.

외국인의 경우, 금식할 필요는 없지만 라마단의 정신을 존중해야 한다. 다른 사람이 금식하는데 길거리에서 음식을 먹고 마시는 일은 무례한 행동이며, 흡연하거나 공원에서 음료를 즐기다가 금식하는 사람으로부터 한 소리 듣는 일도 드물지 않다. 라마단 기간에도 카페나 식당은 대부분 정상적으로 영업하기에 실내에서 조용히 음식과 음료를 먹고 마실 수 있다.

일반적으로 이런 식당은 이프타르 직전에 블라인드를 내리고 직원이 함께 모여 식사를 한 다음에 영업을 재개한다.

라마단 기간은 신성한 달이기 때문에, 이집트인 대부분이 라마단 동안 더 단정한 옷차림을 갖춘다. 같은 이유로 일 년 내내 술을 마시는 사람조차 이 기간에는 금주한다.

그 밖의 종교 공휴일

【 이슬람 신년(무하람 1일) 】

이슬람 신년은 이슬람 음력의 첫째 달인 무하람 첫째 날에 시작한다. 이날은 공휴일로 정부와 종교계에서는 이날을 기념하기 위해 특별한 행사를 연다.

【 마울리드 알 나바위(선지자 무함마드 탄생일, 라비 알 아월 12일) 】

선지자 무함마드의 탄생을 축하하는 이 공휴일은 이슬람력 세 번째 달에 해당한다. 주로 가족 단위로 이날을 기념하며 아이는 가장 좋은 옷을 입고 견과류와 말린 과일을 넣어 만든 말반malban 같은 특별한 과자를 즐긴다. 여자아이에게는 작은 설탕 인형(아루셋 엘 마울리드)을, 남자아이에게는 설탕으로 만든 말 인형(후산)을 선물한다.

【 이드 알 피트르(샤왈 1일~3일) 】

이드 알 피트르(이드는 축제를, 피트르는 금식의 종료를 뜻한다)는 라마단이 끝났음을 알리면서 사흘간 치러지는 축제다. 첫째 날에는 전통적으로 남성이 지역의 이슬람 사원에 모여 일출과 함께 공동으로 축일 맞이 기도를 드린다. 서로 "이드 무바라크"('복된 축제'라는 뜻이다)라는 인사를 주고받는다. 이 축제에서 가장 중요한 측면은 자선이며, 이슬람교도라면 누구나 능력이 되는 대로 가난한 사람에게 기부해야 한다.

이 축제는 길거리보다는 가정에서 치러지는 경우가 더 많다. 가족 축제이기 때문에, 축일 맞이 기도를 드린 후에 온 가족이 연장자 한 사람의 집에 모여 성대하게 점심을 먹는 일이 관례다. 아이는 돈과 새 옷을 받는다. 손님에게 입에서 살살 녹을 만큼 맛있는 카크[kahk](달짝지근한 쇼트브레드 과자)를 내고, 주부는 자신만의 특별한 조리법을 뽐내기도 한다.

라마단을 위한 다양한 과자와 페이스트리   흰 쌀, 바삭한 빵, 소 족발이 들어간 파타

【 이드 알 아드하(두 알히자 10일~13일) 】

이슬람력 12월에 해당하는 '이드 알 아드하'(희생제를 뜻한다)는 메카 순례를 기념하는 축제인 만큼 이슬람교도에게 가장 신성한 축제로 꼽힌다. 나흘에 걸친 이 축제는 신으로부터 자기 아들(『쿠란』에서는 이스마엘, 『성경』에서는 이삭)을 바치라는 명령을 받은 아브라함의 시험을 기리는 축제다. 이슬람교도는 동물을 도축하고 고기 대부분을 가난한 사람에게 나눠주는 식으로 자신만의 제물을 바친다.

이집트인은 아침 일찍 이슬람 사원에 가서 축일 기도를 드리면서 기도 중에 타크비르(알라의 위대함을 선포하는)를 암송한다. 기도가 끝나면 온 가족이 집에 모여 파타^{fatta}라는 푸짐한 아침을 든다. 파타는 고기와 빵과 밥 위에 식초나 마늘 그리고 사람들이 좋아하는 케밥이나 키브다^{kibda}(튀긴 간)를 곁들인 요리다.

【 콥트 정교회 성탄절(1월 7일) 】

콥트 정교회는 1월 7일에 성탄절을 기념한다. 2002년에는 콥트교의 이 축일을 기독교도와 이슬람교도의 화합을 보여 주는 표시로 공식 공휴일로 지정했다. 이집트에서 크리스마스 풍경은 축제 조명과 크리스마스를 주제로 한 장식물로 서구인의 눈에도 친숙한 광경이다. 기독교도는 1월 6일 저녁에 예배에 참석한 후 집으로 돌아가 칠면조 구이에 더해 이집트 전통 음식을 먹는다. 가족이나 가까운 친구가 서로를 방문해서 선물을 주고받으며 차와 카크를 비롯해 다른 간식을 먹으며 즐거운 하루를 보낸다.

【 콥트 정교회 부활절 (유동적) 】

콥트 정교회의 부활절은 이집트 기독교 달력에서 가장 중요한 날이다. 서양의 부활절과 일치하는 경우도 있지만 최대 5주 정도 늦어지기도 한다. 이날 콥트교도는 축산물을 삼갔던 55일 동안의 금식을 끝낸다. 이들은 저녁 예배에 참석하고 집으로 돌아와 느지막이 육류가 듬뿍 들어간 저녁을 먹는다. 이슬람교도가 '이드 알 피트르'에 하는 것처럼 콥트교도 역시 부활절에 먹을 카크를 만든다.

【샴 엘 나심(유동적)】

이집트인은 봄이 찾아옴을 알리는 이 축제를 4500년 동안 기념해왔다. 고대 이집트에서는 수확의 계절을 샤모라고 불렀다. 아랍어로 샤모^{shamm}는 냄새를, 나심^{nessim}은 봄에 부는 산들바람을 뜻하기에, 아랍어로 이 축제는 '봄바람 내음'을 맡는 축제로 알려져 있다.

고대 이집트인은 페시크^{fiseekh}('소금에 절인 생선'을 뜻한다), 상추, 달걀을 여러 신에게 봉헌함으로써 봄의 시작을 축하했다. 상추는 봄의 시작을, 달걀은 생명의 소생을, 페시크는 다산을 상징하는 것이라고 한다. 페시크는 비린내가 강한 생선으로 이 축제가 벌어지는 기간에 어시장을 돌아다니다 보면 그 냄새를 맡을 수 있다.

오늘날에도 어떤 믿음을 따르든 이집트인 대부분이 이 축제를 기념하면서 같은 음식을 함께 먹는다. 달걀은 많은 기독교 국가의 부활절 달걀처럼 다채로운 무늬로 색을 칠해 장식한다.

샴 엘 나심은 콥트교 부활절의 다음 월요일이다. 이날은 여름 더위가 시작되기 전 온화한 봄이다 보니 많은 사람이 야외에서 이날을 기념한다. 수백만 명에 이르는 이집트인이 공원을 찾거나 아니면 심지어 고속도로 사이에 있는 섬의 작은 풀밭을 찾아가 '바람의 내음을 맡는다'.

세속 공휴일

주요 종교 공휴일을 제외하고, 주중에 해당하는 공휴일은 실제 날짜가 아니라 같은 주 목요일에 기념한다.

【 혁명의 날과 경찰의 날(1월 25일) 】

1월 25일은 1952년 파루크 국왕을 끌어내리면서 이집트 경찰이 맡았던 역할과 무바라크의 30년 통치가 종식된 날(2002년)

을 기념하는 날이다. 이날은 이집트 달력에서 처음 일어난 두 차례의 혁명을 기념하는 날이다.

【 시나이 해방 기념일(4월 25일) 】

시나이 해방 기념일은 1982년 4월 25일 시나이반도를 되찾고 이스라엘의 점령이 종식된 것을 기념하는 날이자 1988년 4월 25일에 마지막 이스라엘군이 홍해의 타바 마을에서 철수한 것을 기념하는 날이기도 하다. 이날은 이집트에서 시나이반도의 중요성을 되새기는 날이다.

【 노동절(5월 1일) 】

노동절은 전 세계 대부분의 다른 나라에서와 마찬가지로 노동자를 기리는 날이다. 이날 공공기관과 학교, 민간 기업은 대부분 휴무한다.

【 해방 기념일(6월 18일) 】

이날은 1956년 이집트에서 마지막 영국군이 물러남으로써 74년간 이어져 온 점령이 끝난 것을 기념하는 날이다. 각급 학교와 대학교에서도 기념행사가 열린다.

【 혁명 기념일 (7월 23일) 】

1952년 7월 23일은 이집트가 왕정을 끝내고 공화정에 들어선 날이다. 기념식은 보통 군사 쿠데타가 시작된 7월 22일에 시작된다. 7월 23일에는 대통령이 담화를 발표하고 열병식과 각종 공연이 열릴 가능성이 크다.

【 국군의 날 (10월 6일) 】

이날은 1973년 시나이반도로 진격한 이집트군이 이스라엘군을 상대로 거둔 승리를 기념하는 날이다. 이 전쟁에서 목숨을 잃은 이들을 기리기 위해 군이 주최하는 수많은 파티와 불꽃놀이가 열린다.

【 수에즈 승전 기념일 (10월 24일) 】

이날은 1973년 수에즈항에서 이스라엘의 공중과 지상 공격을 막아낸 것을 기념하는 날이다. 주민이 힘을 모아 도시 진입로에서 이스라엘 탱크 여러 대를 불태웠다.

【 승전 기념일 (12월 23일) 】

이날은 주로 포트사이드에서 지켜지는 기념일로, 1956년 이집트가 영국과 프랑스 그리고 이스라엘군을 상대로 거둔 승리를 기념하는 날이다.

그 밖의 기념일

【 크리스마스(12월 25일)와 신정(1월 1일) 】

이날은 둘 다 이집트에서 전통적으로 지켜오던 기념일은 아니지만, 오늘날 부유층에서는 인기가 높다. 대도시에는 콥트 정교회의 크리스마스와 구분되는 서양의 크리스마스가 점점 더 눈에 띄고 있다. 예전에는 주로 작은 가톨릭 공동체에서 크리스마스를 기념하곤 했지만, 이제는 서구화된 이집트인 사이에서도 크리스마스트리를 세워 두는 일이 유행한다. 행상들이 신호등과 거리에서 크리스마스용 고깔모자를 팔고, 특히 외국인 거주 지역에서는 가게와 카페를 크리스마스 분위기로 장식을 한다.

새해 전야에는 화려한 파티로 모든 5성급 호텔의 예약이 꽉 찬다. 이런 파티에서는 서양의 전통적인 축제 스타일에 따라 뷔페, 음료, 즐길 거리, 고깔모자, 파티 폭죽 등이 제공된다.

어머니의 날은 공휴일은 아니지만, 종교나 사회 계층을 불문하고 모든 이집트인이 기념하는 날이다. 자녀는 어머니에게 선물이나 카드를 드리며, 방송국에서는 특별 프로그램을 방영한다.

마울리드

물리드^{mulid}(말 그대로 생일을 뜻하며 복수형이 마울리드다)는 성인을 기리는 행사로 이슬람교도나 기독교도 모두가 지키는 관습이다. 마울리드^{mawaleed}는 이슬람의 신비주의 분파인 수피 교단의 구성원에게는 신성한 행사다. 이슬람을 엄격하게 해석하면 어떤 사람을 신격화하는 일은 엄격히 금지되며, 따라서 이런 기념행사가 시르크^{shirk}(신성모독이라는 뜻이다)라고 생각하는 사람도 있다. 하지만 이런 전통은 이집트 일부, 특히 농촌지역과 가난한 사람 사이에서 여전히 명맥을 이어 가고 있다. 이런 축제는 이슬람 음력의 특정한 날짜에 해당하므로 그레고리력으로 옮기면 날짜가 유동적이다. 마울리드는 화려한 색채와 축제 분위기가 흘러넘치는 활기찬 행사다. 마을 대부분과 모든 대도시

카이로에서 열린 물리드에 참여한 알 탄누라 민속 무용단의 무용수들

지역에는 해당 지역만의 성인이 있으며, 매년 한 차례 축제를 열어 그 성인을 기념한다. 아이를 위한 그네, 어른을 위한 시음 공간, 장난감 판매용 간이 매장 등이 축제 분위기를 돋운다. 종종 조명으로 장식된 밝은색 천막에서 노래와 춤, 그리고 여흥이 펼쳐지기도 한다. 보통은 '마울디야'라는 전문 집단이 마울리드를 비롯한 여러 행사를 주관한다. 이들은 행사를 준비하고 행사가 끝나면 해산했다가 다른 성자를 기리는 행사가 열리는 장소로 이동한다.

수피파 셰이크sheikh(지도자)는 화려한 색상의 예복을 차려입으며, 수피파의 수도자인 데르비시^{dervish}가 빙글빙글 돌면서 마음을 사로잡는 춤을 선보인다. 또한 무아지경에 이르게 하는 최면적인 리듬에 따라 성가를 부르는 지크르^{zikr}가 공연된다. 향과 음악과 기도가 어우러져 활기찬 분위기를 자아낸다.

미신

이집트 사회에서 어떤 계층에 속하든 이집트인은 대체로 미신을 믿는 편이다. 이집트인은 자신을 시기하는 사람이 있으면 그 사람이 악의적인 시선을 던져 자신의 행운이 사라지게 만들 수 있다고 믿는다. 이런 이유로 이집트인은 신중하게 행동한다. 악의적인 시선을 끌까 봐 일을 시작하는 날까지 새 직장을 밝히지 않거나 급여가 올랐다고 말하지 않는다.

『쿠란』의 특정 구절을 읽는다거나 향을 피운다거나, 아니면 푸른색의 보호 염주를 사용하는 것처럼 악의적인 시선을 막는 방법이 있다.

새 자동차에는 어딘가에 『쿠란』 사본이 비치되어 있을 가능성이 크다.

새집은 유향과 바크후르(아랍산 수지)를 섞어 축성을 받고, 신생아에게 푸른색 염주가 달린 브로치를 달아 주기도 한다.

칭찬할 때는 "마샤알라"라는 말을 덧붙여, 말하는 이의 의도가 선하고 누군가 또는 무엇인가에 악의적인 시선을 보내려는 것이 아님을 보여 줘야 한다. 따라서 새집을 칭찬하려면 "마샤알라, 정말 멋진 집이네요"라고 말해야 한다.

제법 큰 재산을 얻게 되면 다른 사람과 나눠야 한다. 미신에 따르면, 그렇게 나누지 않으면 그 행운이 다 떨어질 것이라고 한다. 예컨대, 새집을 샀다면 동물을 잡아 희생제물로 바치고 나서 그 고기를 가난한 사람과 나눠야 한다.

부엉이와 검은 고양이는 나쁜 징조이자 나쁜 소식을 전하는 존재로 여겨진다. 이집트인은 신발을 뒤집어 놓지 않는다. 신발 밑창이 신을 향해선 안 된다고 여기기 때문이다. 벌려진 가위는 불운의 징조다.

이슬람교의 성서인 『쿠란』을 존중해야 한다. 『쿠란』 위에 무엇을 올려놓아서도 안 되며, 『쿠란』을 바닥에 놓아서도 안 된다.

04

친구 사귀기

서구화된 극소수의 상류층이 사람을 사귀는 방식은 서양과 크게 다르지 않다. 남녀가 자유롭게 섞이고 데이트도 드물지 않다. 함께 파티에 가고 바에서 어울리고 주말에는 사막이나 해변 휴양지를 찾기도 한다. 하지만 국민 대부분, 특히 농촌지역에서는 보수적 성향을 보이는 사람이 더 많으며 사교 활동은 보통 가족 단위로 이루어진다.

이집트인은 친절하고 우호적이기에 대화를 트고 우정을 쌓기 쉽다. 이집트인 한 사람을 만나면 그 사람이 자신의 광범위한 사회적 인맥을 소개해 줄 가능성이 높지만, 오랜 시간에 걸쳐 거듭해서 교류를 이어 가면서 더 깊은 우정을 쌓을 수 있다. 이집트인은 긴 시간과 큰 노력을 들여 우정을 쌓으며 그 대가로 신뢰와 헌신을 기대한다. 친구 사이에서 불화가 생기기도 하지만, 두 사람이 오랫동안 알고 지내왔다면 눈감아 줄 만한 일이다. 이집트인은 엘이슈라el 'ishra('함께 보낸 오랜 시간'을 뜻한다)라는 말을 종종 입에 올린다.

서구화된 극소수의 상류층이 사람을 사귀는 방식은 서양과 크게 다르지 않다. 남녀가 자유롭게 섞이고 데이트도 드물지 않다. 함께 파티에 가고 바에서 어울리고 주말에는 사막이나 해변 휴양지를 찾기도 한다. 하지만 국민 대부분, 특히 농촌지역에서는 보수적 성향을 보이는 사람이 더 많으며 사교 활동은 보통 가족 단위로 이루어진다. 가족끼리 서로 자주 방문하고 아이들은 어릴 때부터 서로 잘 알고 지낸다. 도시에서는 학교나 대학교에서 우정을 쌓으며 여러 해 동안 같은 집단과 관계를 이어 가는 일이 흔하다.

보수적인 공동체에서는 남녀 간의 우정을 허용하지 않지만

알렉산드리아 해안가에서 사진작가를 위해 포즈를 취하고 있는 사람들

도시 거주자 사이에서는 흔한 일이다. 하지만 기혼자 사이에서 남녀 간의 우정이 맺어질 가능성이 거의 없다.

이집트인은 본능이라고 해도 좋을 만큼 자기가 속한 사회 계층의 사람과 어울리기에 그 친밀한 관계에 끼어들기 어려울 수 있다. 이렇다 보니 이집트인 사이에서 우정을 맺는 규칙은 융통성이 없어 보이기도 하지만, 외국인에게는 훨씬 느슨하게 적용된다. 이집트인은 외국인에게 매우 개방적이며 외국인 친구가 환영받는다고 느낄 수 있도록 노력을 기울인다.

이집트인은 우호적이고 관대하며, 기꺼운 마음으로 친구를 식사에 초대하고 선물을 사주고 자기 시간을 내어준다. 이들이 이렇게 행동하는 이유는 진짜 우정은 오랜 세월 이어지는 것이고 친절과 환대의 몸짓이 곧 바로는 아니더라도 언젠가 보답을 받는다고 생각하기 때문이다.

사회가 부과하는 규칙은 남자아이보다 여자아이에게 더 엄격하다. 농촌이나 가난한 계층에서는 남자아이가 집 밖에서 무리를 지어 친구를 사귀는 일이 흔하지만, 여자아이는 집안에만 갇혀 있는 경우가 흔하다. 외출을 허락받더라도 보통 부모가 정해 놓은 통금시간을 엄격히 따른다.

외국인을 대하는 태도

이집트를 방문하는 외국인은 대부분 관광객이며, 이집트인은 이들이 현지에서 오랫동안 친분을 쌓지 않고 그저 왔다 가는 사람이라는 생각에 익숙하다. 하지만 해안가 도시에 정착하는 디지털 유목민의 수가 점차 늘어나고 있으며, 많은 국제학교에서 학생을 가르치는 외국인 교사도 그 수가 늘어나고 있다. 그럼에도 이집트인은 친절하고 상냥하며 이집트 문화를 존중하는 외국인이라면 누구나 따뜻하게 맞이한다.

도시에 사는 부유한 이집트인은 해외여행을 해봤거나 교육을 많이 받았을 가능성이 가장 높다. 이들은 외국인과 쉽게 관계를 맺고 친구가 되기도 한다. 교육을 덜 받은 이집트인일수록 외국인에 대해 그릇된 인식을 품은 경우가 많다. 이집트인이 외국인의 생활 방식이나 행동을 접하는 주요 창구는 대중 매체, 그중에서도 특히 텔레비전이고 구체적으로 말하면 드라마와 뮤직비디오를 통해서다. 이집트인에게 외국에서의 삶은 흡사 유니버설 스튜디오나 마찬가지고, 이집트에서 자기 삶과 줄어드는 기회에 좌절감을 느끼는 많은 젊은이가 그런 삶을 선망한다.

이집트인은 외국 텔레비전 시리즈나 드라마를 통해 서구의 모습을 받아들인다. 특히 이집트 남성은 서구 여성이 짧은 치마나 노출이 심한 블라우스를 입거나 남성과 편하게 대화하는 모습을 보고는, 이를 서구 여성에게 성적으로 접근할 수 있다는 표시로 받아들이기도 한다.

이집트에서는 보통 외국인을 가리켜 남성이면 아그나비^{agnabi}로, 여성이면 아그나비야^{agnabiya}(복수형은 아가네브)라고 부른다. 전통을 따르는 이집트인은 외국인을 보고선 물질적으로나 지적으로 앞서 있을지 몰라도 도덕적으로는 뒤떨어져 있다고 생각한다. 이집트인은 공동체 지향적이어서 자녀는 결혼하기 전까지 집에 함께 살고 연장자는 가족이 돌본다. 이렇다 보니 서양에서 자녀가 결혼도 하기 전에 집을 떠난다거나 연장자를 양로원에 보낸다는 사실에 경악하기도 한다. 겉보기에 사회적 결속력이나 공동체 돌봄이 없는 이런 현상은 이집트인에게는 가족이라는 가치를 소홀히 하는 것으로 비친다. 그렇다고 이집트인이 아가네브와 관계를 맺는 일에 열린 자세를 보이지 않다는 말은 아니다. 하지만 좋은 관계를 유지하려면 문화를 존중하는 일이 무엇보다 중요하다. 이집트인은 자기만의 방식을 과시하거나 자신을 '가르치려고' 하기보다는 오히려 이집트인의 태도나 풍습을 존중하는 외국인을 더 높이 친다.

인사

인사는 매우 중요하며, 많은 이집트인은 상대방이 자신에게 어떻게 인사하는지를 보고 그 사람이 어떤 사람인지 판단한다. 공식적인 자리에서도 따뜻함은 기본이다. 이집트인은 격식과 쌀쌀맞음을 구분한다. 미소를 지은 채로 손을 꼭 잡고 악수하

공원에서 우연히 만난 친구들

는 것처럼, 격식을 차리면서도 따뜻함을 전할 수 있다.

　동성끼리는 서로 애정을 담아 인사를 건넨다. 여성끼리 만날 때는 양쪽 뺨에 입을 맞추는 게 일반적이지만, 시골에서는 양쪽 뺨에 두 번 이상 입을 맞추며 연장자인 친척에게는 손에 입을 맞추어 존경심을 표시한다. 서로 잘 아는 남성끼리도 서로 양쪽 뺨에 입을 맞춘다. 등을 쓰다듬는 행동은 따뜻함을 보여 주는 추가적인 표시다. 남성 간에서 힘없이 악수하면 성의가 없다고 여겨지기 때문에 악수는 손을 꼭 쥐고 힘껏 해야 한다. 남성끼리 손을 잡거나 팔짱을 끼고 걸어가는 모습도 흔히 볼 수 있는데, 외국인은 이런 행동을 보고 성적 지향성을 드러내는 표시로 오해하지 않도록 주의해야 한다. 절대 그렇지 않다.

이성과의 관계에는 다른 규칙이 적용되며, 신체 접촉을 최소화하는 것이 일반적이다. 정중하고 짧은 악수는 허용된다. 남성은 잘 모르는 여성에게 먼저 손을 내밀어서는 안 되며, 여성이 자기 손을 먼저 내밀 때까지 기다려야 한다. 공공연한 애정 표현은 용납되지 않으며, 이는 심지어 남편과 아내 사이에서도 마찬가지다.

아는 사람이 바빠 보이거나 다른 사람과 대화를 나누고 있어도 보고서도 인사하지 않는 것은 무례한 행동이다. 멀리서 손을 흔드는 행위도 무례한 것으로 여겨진다.

인사말은 풍부하고 복잡하며 상황에 따라 달라질 수 있다. 누군가를 만나거나 장소에 도착했을 때 할 수 있는 가장 간단한 인사는 '앗살라무 알라이쿰'으로 말 그대로 '당신에게 평화가 있기를'이라는 뜻이다. 이에 대한 답인사는 "와 알라이쿰 앗살라무"로 '당신에게도 평화가 있기를'이라는 뜻이다. 비록 자신에게 직접 인사를 건네지는 않았더라고 그런 구체적인 인사를 받고서 답하지 않는 건 무례한 행동이다.

많이들 하는 아침 인사는 "사바할 카이르"로 '좋은 아침'이

라는 뜻이다. 답인사로 "사바할 카이르"라고 같은 말을 되돌려
줄 수도 있지만 더 따뜻하게 "사바할 누르"('빛나는 아침'이라는 뜻이
다)라는 인사를 건넬 수도 있다.

환대

이집트인은 환대의 달인이다. 누군가 혼자 식사하는 것 같다
고 생각하면 자기 집에 초대해 같이 저녁을 들자고 고집을 부
릴 수도 있다. 함께 저녁을 먹으러 나갔을 때도 자기가 계산하
겠다고 고집을 부릴 것이다.

  이집트인과 같이 식사하러 나갔는데 그가 계산하겠다고 고
집을 부리면, 그와 함께한 손님 역시 계산하겠다고 고집을 부
려야 한다. 대부분 밀고 당기는 상황이 벌어지다가 결국에는
의지가 가장 강한 사람이 돈을 낸다. 누군가 식사비를 내주었
다면 다음번에는 그 사람을 다시 초대하는 것이 예의다.

  많은 문화에서와 마찬가지로, 이집트에서도 손님은 존중받
는다. 특히 손님이 외국인이라면 이집트인은 손님이 편안해야
한다는 책임감을 느낀다. 이집트인은 방문객이 이집트 여행에

서 편안함과 만족감을 느낄지 진심으로 걱정하면서 이집트의 좋은 면을 보여 주려고 최선을 다한다.

이집트인의 집을 방문했는데 먹거나 마실 것을 대접받지 못하는 일은 드물며, 대부분은 둘 다 대접받는다. 예고도 없이 급하게 방문하더라도 집주인이 주방에 손님 전용으로 준비해 둔 음식이 있을 가능성이 아주 높다.

초대에 응하지 않는 일은 매우 무례한 행동으로 여겨지며, 응하기 어렵거든 주인에게 가능한 한 빨리 그 사실을 알리는 것이 예의다.

집에 초대받기

이집트인이 자기 집에서 점심이나 저녁 식사를 하자고 초대하면 그 초대를 받아들이고 디저트를 가져가는 게 예의다. 아랍식 과자나 케이크를 고를 수 있는 제과점은 많다. 상대방을 아주 잘 알거나 상대방이 술을 마시는 게 확실하지 않은 이상, 술은 가져가지 않는 게 좋다. 꽃은 서구화된 몇몇 가정에서는 환영받겠지만, 이집트인은 대부분 쓸모없다고 생각한다.

이집트인 여성은 손님에게 푸짐한 상차림을 내놓기 위해 엄청나게 공을 들인다. 점심이나 저녁 식사는 초대한 집의 안주인이 자신의 요리 솜씨를 뽐낼 수 있는 시간이다. 소박한 가정에서도 손님에게 파스타나 샐러드를 들자고 손님을 초대하는 경우는 거의 없다.

이집트인이 늘 시간을 잘 지키는 건 아니지만, 이는 대체로 예측 불가능한 교통 혼잡 때문인 경우가 많다. 저녁 식사 초대가 오후 8시라면, 정시에 도착하는 걸 목표로 하되 혹 늦어진다면 집주인이나 안주인에게 미리 알리는 게 좋다. 손님이 모두 도착할 때까지 기다렸다가 음식을 내는 게 예의다. 집안의 여성들(아내와 딸)은 주방에서 마지막으로 음식을 손보고 나서, 손님과 함께 식사에 참여한다. 손님이 여성이라면 괜찮다고 거절당하더라도 주방에서 일손을 돕겠다고 제안하는 게 예의바른 행동이다.

식사는 코스로 나오지 않으며 식탁 가운데에 요리를 한꺼번에 내어놓는다. 식사가 끝나면 집주인은 손님을 편히 앉을 자리가 마련된 공간으로 안내해 그곳에서 디저트와 함께 차나 커피를 마신다.

시골에서는 집주인이 손님과 함께 식사하지 않는 게 관례다. 손님을 위해 식사 자리가 준비되며 집주인은 손님이 식사를 마칠 때까지 자리를 비운다. 이는 손님이 부끄러워하지 않고 배불리 먹을 수 있도록 하려는 배려다.

저녁이 끝나면 집주인은 손님을 현관까지 배웅하며 손님이 시야에서 사라질 때까지 현관문을 절대 닫지 않는다.

예절

식사할 때는 음식이 준비될 때까지 기다리는 게 예의다. 접시의 음식을 다 비우면 보통은 한 사람 몫의 음식이 다시 제공된다. 빈 접시는 여전히 배가 고프다는 뜻이기 때문이다. 여성은 주방에서 긴 시간 동안 음식을 준비했기 때문에 요리를 칭찬하는 게 예의다. 여기 적절한 표현은 "테슬람 에데키"인데, '당신의 손에 축복을'이라는 뜻이다.

식사를 마치자마자 자리를 떠나는 건 무례한 행동으로 여겨진다. 커피와 디저트가 나올 때까지 기다렸다가 정중하게 작별 인사를 건네는 게 좋다.

많은 이집트 남성은 외출할 때나 집에서나 자유롭게 흡연한다. 전통적인 가정에서 젊은이가 아버지나 연장자를 존경한다는 표시로 이들 앞에서 담배를 피우는 일은 거의 없다. 여성이 공공장소에서 흡연하는 모습도 거의 보기 힘들다.

데이트

일부 보수적인 가정에서는 제한이 있을지 모르겠지만, 이집트 젊은이는 서구의 젊은이처럼 그 집단 속에서 자유롭게 상대를 사귀고 데이트한다. 커플이 즐겨 찾는 데이트 장소는 주로 영화관, 카페, 공연, 축제, 공원 등이다. 틴더^{Tinder} 같은 서구의 데이팅 앱을 사용하는 사람도 있지만, 몇몇 현지의 사이트나 앱처럼 바두^{Badoo} 역시 인기가 높다. 하지만 이집트에서는 손쉬운 성관계를 원하거나 착취할 대상을 찾는 사람이 주로 틴더를 사용하기 때문에 데이트를 원하는 여행객이라면 틴더는 피하는 편이 좋다. 그렇다고 이집트에서 진정한 우정이나 데이트 상대를 찾을 수 없다는 말은 아니지만, 지나치다 싶을 정도로 조심하는 편이 좋다.

이집트의 데이트 관습은 서양에 비해 보수적이고 전통적이

카이로 알 아즈하르 공원의 커플

다. 많은 이집트 젊은이가 가족이나 친구를 통해 장래의 배우자를 만나며, 보수적인 지역에서는 한층 엄격한 성 역할과 기대가 일반적이다. 일반적으로 남성이 데이트를 주도적으로 시작하고 계획하며 식사를 비롯한 그 밖의 데이트 비용을 부담해야 한다. 공개적인 애정 표현은 허용되지 않으며, 커플은 공공장소에서 조신하고 공손하게 처신한다. 엄한 가정에서는 결혼 전 데이트를 전혀 허용하지 않거나 허용하더라도 부모가 동반하거나 단체 외출로 제한하기도 한다. 이집트인 대부분은 대체로 데이트 규칙을 지키는 편이지만, 젊은 세대는 훨씬 개

방적인 태도로 새로운 아이디어와 상대를 만나는 다양한 방식
을 받아들이고 있다.

05

일상생활

이집트 가정은 아버지를 가장으로 하는 가족을 중심으로 꾸려진다. 주로 핵가족으로 이루어지며 확대가족인 경우도 있지만 친척이 아닌 사람이 포함된 경우는 거의 없다. 자녀가 부모님 집에서 벗어나는 일은 결혼해서 새 가정을 꾸릴 때나 가능하지만, 이혼한 때에는 다시 돌아올 수 있다.

이집트 인구의 대부분은 농경지와 가까운 곳에 거주한다. 하지만 30년 전쯤에 인구 과밀로 토지가 부족해지자 도시로 이주하기 시작했다. 많은 이들이 여전히 자기 고향과 관계를 유지하고 있으며 특별한 날에는 고향을 찾는다.

도시에서 주택은 대부분 아파트로 이루어져 있다. 애초에 아파트 단지로 조성된 아파트도 있고 그보다 드물긴 하지만 오래된 빌라를 개조한 아파트도 있다. 빌라를 물려받으면 이를 부동산 개발업자에게 파는 사람이 많고, 부동산 개발업자는 보통 그런 빌라를 회사에 임대한다. 하지만 대부분 그런 빌라를 허물고 늘어나는 인구를 수용하기 위해 대규모 아파트 단지를 짓는다. 인구 과밀이나 공해나 교통 혼잡을 피하려고 새로운 주택 개발을 선호하는 부유층이 늘고 있으며, 이런 개발 단지가 대도시 외곽을 따라 급속히 확대되고 있다. 이렇게 외부인 출입이 제한된 주택단지는 안전하고 깨끗한 공동 주거 공간을 제공하지만, 그 가격은 보통 이집트인이 감당할 수 있는 금액을 훌쩍 뛰어넘는다.

집의 인테리어는 미적인 측면에서 계층과 소득에 따라 다양한 모습을 띤다. 도시 가정 대부분은 이슬람, 프랑스, 오스만 등 다양한 문화의 영향을 한데 모아놓은 절충주의 스타일을 따르고 있는데, 서양의 미적 감각을 좋아하는 이들에게는 다소 과하다고 느껴질 법하다. 화려하게 장식된 가구를 구하기는 어렵지 않다. 이집트의 목수나 장인이 이런 정교한 목공기술에 통달해 있기 때문이다.

시골에서는 벽돌로 주택을 짓는다. 촌락에서 쓰는 가구는 소박한 경향이 있다. 보통 손님이나 가족 모임을 위해 마련된 공간에 벽을 따라 쿠션이나 긴 의자를 배치한다. 가정에는 대부분 텔레비전이 있고 텔레비전을 보면서 저녁 시간을 즐긴다.

가정

이집트 가정은 아버지를 가장으로 하는 가족을 중심으로 꾸려진다. 주로 핵가족으로 이루어지며 확대가족인 경우도 있지만 친척이 아닌 사람이 포함된 경우는 거의 없다. 자녀가 부모님 집에서 벗어나는 일은 결혼해서 새 가정을 꾸릴 때나 가능하지만, 이혼한 때에는 다시 돌아올 수 있다. 연로한 부모가 더 이상 자신을 건사할 수 없게 되면 자녀와 함께 살게 된다. 앞서 살펴봤듯 연로한 부모를 양로원에 보내는 일은 부끄러운 일로 여겨진다.

전통적인 이집트 가족에서는 구성원의 역할이 명확히 정해져 있다. 남편은 생계를 책임지는 가장이자 대표자다. 하지만 아내에게 주요 의사 결정권이 있으며 일반적으로 가계 지출을 책임진다. 집 밖에서 일을 하더라도 이집트 여성에게는 여전히 장보기, 요리, 청소, 아이 돌보기 등과 같은 가사를 돌볼 의무가 있다. 이집트 여성은 가정에 대한 자부심이 강하고 자기 가족 내의 평판에 신경을 쓴다.

아버지가 은퇴할 나이가 되거나 일을 할 수 없게 되면 가족을 책임지는 일은 보통 장남에게 넘어간다. 전통적으로 가족 중 어린 구성원은 나이 든 구성원의 뜻을 따르고 여성은 남성의 뜻을 따른다. 하지만 사회가 급변하고 중산층과 상류층 여성이 공적 생활에 참여하게 되면서 그런 제약에서 점점 더 자유로워지고 있어서 남편과 함께 결정을 내리고 일상적인 가사를 분담하기도 한다.

아이 키우기

이집트에서는 자녀를 축복으로 여긴다. 아이는 사랑받고 애지중지 보살핌을 받다가 어느 정도 나이가 들면 훈육을 받기 시작한다. "엄마 눈에는 원숭이도 가젤로 보인다"라는 표현하는데, 이를 통해 알 수 있듯이, 이집트의 어머니는 자기 자녀를 두고 호들갑을 떨면서 자녀의 잘못을 모른 척 넘어가려 하는 것으로 잘 알려져 있다.

보모를 들인다는 생각은 아주 낯선데, 가족 구성원이 항상

홍해 연안 지역의 아이들

아이 돌보는 일을 도울 수 있기 때문이다. 아이는 어떤 장소에서든 대부분 환영받는다. 아이는 부모 손에 이끌려 식당이나 영화관에 가기도 하고, 다른 사람 집에서 마련된 저녁 식사 자리에 함께하기도 한다. 낯선 사람이 애정 가득한 손길로 아이를 대하는 건 지극히 정상적인 행동이다. 친절한 식당 직원이 아이를 안아 들거나 낯선 사람이 아이에게 사탕이나 간식거리를 주더라도 놀라지 말기 바란다.

학교에 입학하면서 많은 아이의 삶이 바뀐다. 학기 중에는 학생이나 가족 모두 엄청난 압박을 받는다. 숙제는 많고 자유 시간에는 부족한 공교육을 보충할 사교육을 받는다. 과외는 수입에 부담을 안긴다. 중등교육을 마친 학생은 대학 입학을 위한 최종 시험인 '싸나웨야 암마'를 통과해야 한다는 큰 압박을 받는다.

이집트 학생이 장차 어떤 진로를 걸을지는 최종 시험에서 받은 성적에 좌우된다. 대학은 시험을 통과한 학생에게만 열려 있지만, 대학 진학에 성공하고 무사히 졸업하더라도 사회적 인맥이 없으면 취업 가능성이 희박하다는 현실에 직면하게 된다. 젊은이는 취업에 성공하더라도 자신이 선택한 분야가 아닌 곳에서 일하게 될 수도 있다. 매년 수십만에 이르는 신규 졸업생이 한정된 일자리를 차지하기 위해 경쟁을 벌이는 탓에, 수많은 젊은이가 허드렛일이나 자기가 가진 자격에 훨씬 미치지 못하는 일자리를 받아들이거나 아니면 해외에서 기회를 찾는 실정이다.

【나디】

사회적 측면에서 중산층 출신인 아이와 청소년은 사교클럽인 나디Nadi에 많이 가입한다. 19세기 후반에 이집트에 거주하는 영국인 가족을 위해 설립된 이 클럽은 테니스장, 수영장, 승마장, 다원 등을 비롯해 스포츠와 오락 시설을 제공했다. 1940년 대에는 이집트인에게만 회원 자격이 개방되었고 신분에 따라 다른 회원 자격이 부여되었다. 혁명 이후 이 클럽을 모두 국가가 관리하게 되면서 모든 사람에게 회원 자격이 개방되었다. 오늘날 일부 클럽은 나라에서 보조금을 받으며 이집트 청소년 체육부에서 운영한다. 반면 중상류층이 선호하는 클럽에 다니려면 엄청나게 비싼 가족 평생 회원권이 있어야 한다. 아이와 그 가족은 이런 클럽에서 여가 시간 대부분을 보내면서 평생 이어질 만한 사회적 인맥을 쌓는다.

【카페】

거의 모든 도시의 곳곳에서 유럽 스타일의 카페를 찾아볼 수 있으며 사회적으로 상당한 영향력을 발휘하고 있다. 이런 카페는 부유한 집안의 청소년이나 주부가 시간을 보내기 위해 즐겨 찾는 장소다. 청소년은 방과 후나 강의가 끝난 후에 그리고 주말에 이런 카페에 모인다. 이들은 카푸치노나 라테를 홀짝이며 셀카를 찍고 종종 부모님 몰래 담배를 피우면서 시간을 보낸다. 저녁에는 보통 남학생보다 여학생의 통금이 더 빠르다.

【교육】

교육제도는 1952년 혁명을 거치면서 대대적으로 개편되었다. 예전에는 초등학교 학령기 아동의 50%만이 학교에 다녔다. 오늘날에는 최소 80%가 학교에 다니며, 68%가 중등교육을 받고 있다.

혁명은 교육 기회를 극적으로 확대했다. 모두가 무상교육을 받을 수 있게 되었다. 정부가 교육에 대한 지출을 늘렸고 이에 따라 초등학교 수도 늘어났다. 하지만 이렇게 수가 급격히 늘다 보니 그 대가로 교육의 질이 희생되는 일이 벌어졌다. 인구가 증가하면서 자원에 부담을 주었고, 과밀 학급과 낮은 학교

건물이 늘어나는 결과로 이어졌다. 학생 대 교사 비율이 매우 높았던 탓에 학부모는 사교육에 기대어 자녀의 학업을 보충해 주어야 했다. 공교육의 수준이 떨어지면서 각종 사교육기관이 성장할 공간이 마련되었다. 오늘날에는 외국어 학교나 국제 학교가 많이 생겨났으며, 일반적으로 이런 학교는 외국인 교직원을 충분히 확보함으로써 학부모에게 더 '나은' 교육을 받을 수 있다는 안도감을 심어 주고 있다.

오늘날 이집트의 중상류층은 자녀를 사립학교에 보내는 편을 선택한다. 이런 외국어 학교 가운데 최고 수준의 학교에서는 영어나 프랑스어로 수업하고 아랍어는 제2외국어로 밀려나다 보니, 이집트에서 나고 자랐으면서도 아랍어를 제대로 구사하지 못하는 아이도 있다. 이런 학교를 졸업하면 현지나 해외에서 외국 대학교에 입학하는 데 큰 도움이 된다. 이집트의 유명 대학교로는 알렉산드리아의 빅토리아대학교(1902년 설립)가 있다. 고﹡ 후세인 요르단 국왕, 문학 교수이자 대중 지식인이었던 에드워드 사이드, 금융 분야의 선구자였던 질베르 드 보통이, 많은 이들의 존경을 받는 이 학교 졸업생이다.

최초 9년 동안은 의무 교육이다. 하지만 자녀를 자퇴시켜 어린 나이에 일터로 내보내는 가족이 많은 농촌지역에서는 이런 의무 교육이 제대로 이루어지지 않거나 경제적으로 감당하지 못하는 경우가 많다. 정부는 학생의 출석을 엄격히 강제하지는 않는다.

오래전에 설립되었고 아랍어로 강의를 진행하는 이집트 대학교 외에도 사립 대학교나 외국 대학교(때로는 해외 대학교와 연계된)가 큰 인기를 얻고 있다. 그중에서 가장 명망이 있는 대학교는 요르단 라니아 여왕의 모교인 카이로의 아메리칸대학교다.

〔병역〕

18세에서 30세 사이의 이집트 남성이라면 누구나 병역 의무를 진다. 반드시 남자 형제가 있어야 하며(독자는 병역 의무가 면제된다) 신체적으로나 정신적으로 건강해야 한다. 전업 학생인 경우, 학업을 마칠 때까지 병역이 면제된다. 복무 기간은 대학 교육을 받은 사람은 1년, 그렇지 않은 사람은 3년이다. 1952년 혁명 전에는 정부에 일정 금액을 내면 징집을 피할 수 있었으나 혁명 이후 이 제도는 폐지되었다.

전 세계 수많은 군대에서와 마찬가지로 병역은 징집병 대부분에게 비참하고 사기를 꺾는 경험이며, 흔히 규율이라는 이름 아래 반복적으로 자행되는 괴롭힘을 견뎌내야 한다. 병역을 마치지 않은 남성은 여권을 신청할 수 없어서 해외에서 일하거나 해외여행을 떠나거나 해외에 사는 가족을 만나러 갈 수 없게 된다.

물론 군대에서 경력을 쌓는 사람도 있다. 교육을 받은 젊은 남성에게 군대는 정부 내 일자리를 보장받을 수 있는 유일한 방법이다. 이런 일자리는 비교적 높은 급여와 수당을 제공하고 권력과 사회적 지위를 부여한다. 교육을 받지 못한 남성에게는 군대가 유급 일자리를 얻을 유일한 기회일 수 있다.

가족 행사

가족 행사는 중요하고 다채로운 행사로 전통과 의식이 깃들어 있다. 가족 구성원이 이런 행사를 돕고 거기에 참석하는 일은 의무로 여겨진다.

【탄생】
도시에서 여성은 보통 의사의 진료를 받으면서 병원에서 출산한다. 농촌지역에서는 조산사의 도움을 받아 여성 가족 구성원이 함께하는 가운데 집에서 출산할 가능성이 더 크다.

출산 후 일주일 정도 지나면 아기를 위해 수부^{subu}(생일 잔치라는 뜻이다)라는 잔치가 열리며, 친구나 지인은 아기에게 줄 선물을 가져온다. 아기 성별에 상관없이 금으로 만든 장신구를 선물하는 게 관례다. 아기는 이런 식으로 많은 양의 귀금속을 모을 수 있으며, 이렇게 모인 귀금속은 보통 아이의 장래를 위해 따로 보관한다. 잔치에서 아이는 선물과 사탕을 받고 어른은 설탕에 절인 아몬드를 받는다. 여성이 모여 떠들썩하게 노래를 부르며 신생아에게는 특별한 흰색 가운을 입힌다.

이집트에서는 기독교도든 이슬람교도든 남자아이라면 누구나 태어난 지 며칠 만에 할례를 받는 게 일반적이다. 전통적으로, 특히 농촌지역에서는 이런 할례를 축하하는 잔치가 있었으나 요즘에는 남자아이가 보통 병원이나 의원에서 할례를 받기 때문에 이런 잔치가 흔하지는 않다.

혈통은 중요하며 신생아의 이름을 호적에 올림으로써 공식화된다. 원칙상 어떤 이집트인의 이름은 끝이 없다. 아기에게 이름을 지어 주면 거기에 아버지의 이름, 할아버지의 이름, 증조할아버지의 이름 등이 차례로 이어진다. 공식 서류에서 그리고 신원 증명을 위해서 이집트인은 이런 이름 가운데 서너

개를 사용한다. 사회생활에서는 이름과 성을 쓴다. 따라서 만약 '무함마드 바다위'에게 아흐메드라는 아들이 있다면, 그 아들의 이름은 '아흐메드 무함마드 바다위'가 된다. 만약 아흐메드의 아내가 딸을 낳고 딸에게 라일라라는 이름을 지어 주었다면, 딸의 이름은 '라일라 아흐메드 무함마드 바다위'가 된다. 사회생활에서는 이 딸을 '라일라 바다위'라고 부른다. 외국인이 공식 문서를 작성해달라는 요구를 받으면, 그 외국인은 자신의 이름 뒤에 아버지의 이름을 기재하고 그다음에 결혼 전 성이나 결혼 후 성을 정식으로 적어야 한다.

【약혼과 결혼】

이집트인의 삶에서 결혼이야말로 가장 중요한 통과의례이자 기념할 만한 일이다. 결혼은 남성 대부분에게는 어엿한 성인으로 넘어가는 과정을 뜻하지만, 여성 대부분에게는 어머니가 되는 길이 이제 시작되었음을 뜻한다. 가족이 중요한 사회에서 젊은이는 자기만의 가족을 꾸리겠다는 열망을 품는다.

연애만 하는 관계가 지속되기란 어렵다. 정식으로 약혼한 사이가 아니라면, 미혼의 남녀가 보호자 없이 만나는 일은 드물며 중매결혼이 일반적이다. 딱 맞는 배우자를 소개받는 일은 보통 가족 구성원을 통해서 이루어진다. 결혼에 대한 신부의 동의는 매우 중요하며 종교가 그런 동의를 요구하기에 강제로 결혼하는 일은 거의 없다. 남녀가 가족이라는 환경에서 바깥에서 관계를 키워왔다면 반드시 가족이 두 사람의 결합에 동의해야 한다. 이집트인은 결혼을 개인의 결합일뿐만 아니라 가족 간의 결합이라고 여긴다. 양쪽 집안이 서로 교류하는 일이 빈번히 일어난다.

결혼은 대부분 가족에게 기쁨인 시간이며 결혼식을 전후로 무척 화려한 행사가 벌어진다. 하지만 경제적인 부담 역시 만만치 않다. 신부 측과 신랑 측 부모가 결혼식 비용에 보태는 금액은 서로 다르다.

결혼식 과정은 신랑 가족이 예비 신부 가족과 약속을 잡고 청혼하는 것으로 시작한다. 신랑은 자신의 수입을 밝히고 자신이 내려고 준비한 무카담^{muqaddam}(지참금을 뜻한다) 액수를 말하며, 결혼이 성사되기 전에 지참금을 반드시 내야 한다. 신부 가족이 받아들이면, 신랑과 신부는 파타^{fatha}라는 『쿠란』의 특정 구절을 읽고 결혼을 언약한다. 그다음에 양가 부모는 약혼 날짜를 잡고, 보통 신부의 집에서 조촐한 잔치를 연다. 약혼 기간에는 오른손에 반지를 끼지만 결혼식 날에 왼손으로 바꿔 낀다. 약혼 기간에 예비 신랑과 신부는 보호자 없이 자유롭게 외출할 수 있다. 또한 두 사람은 이 기간에 신혼집을 마련할 수도 있다. 전통적으로 신랑 가족이 집을 마련하면 그 집에 들어갈 가구는 신부 가족이 장만한다. 신혼집을 장만할 여유가 없는 신혼부부는 신랑 가족과 같이 살 수도 있다.

【 헤나의 밤 】

여성이 결혼하게 되면 결혼하는 여성을 위해 레일렛 엘헤나 leilet el henna('헤나의 밤'이라는 뜻이다)라는 축하 행사가 열린다. 예비 신부의 여자 친척과 친구가 한자리에 모여 노래하고 춤추고 일련의 의식을 거행해 결혼을 앞둔 예비 신부를 축복한다. 예비 신부의 양손에는 헤나를 점점이 그려 넣는데, 이는 헤나를 미용 목적으로 사용했던 시절부터 이어져 내려오는 오랜 전통이다.

【 결혼식 】

이집트의 결혼식은 성대한 행사이자 집안 형편에 따라 차이가 있기는 하지만 음식과 음악과 여흥으로 꽤 성대히 치러진다. 전통적으로 신랑 가족이 결혼식 비용을 전부 부담했지만,

부유층 사이에서 결혼식이 호화로운 행사가 되면서 양가에서 비용을 나눠 부담하기도 한다. 결혼 행렬을 뜻하는 자파[zaffa]는 현재 결혼식이 진행되고 있음을 알리는, 흥분이 넘치는 행사다. 이 행렬은 누구나 즐길 수 있고 신랑 신부와 목적지까지 동행할 수 있지만, 피로연에는 초대된 하객만 참석할 수 있다. 일부 농촌지역에서는 부부가 신혼집으로 가는 길에 가구도 함께 마을을 행진하다. 이집트에서 결혼은 민사상의 계약이며 보통 공무원이 주례를 맡는다. 종교의식이 결혼 과정의 일부이기는 하지만 민사적 요소를 대체하지 못한다. 이집트 여성은 결혼 후에도 결혼 전에 쓰던 원래의 성을 그대로 쓴다.

【장례】

이집트인은 종교를 충실히 따르기에 죽음을 신의 뜻으로 여긴다. 드러내놓고 슬픔을 터뜨린다. 이슬람 전통에 따르면 아주 특별한 경우를 제외하고 사망한 지 24시간 이내에 매장이 이루어져야 한다.

장례식 당일 일몰 기도가 끝난 후, 조문객은 고인의 유족이 이슬람 사원에서 마련한 『쿠란』 독회에 참석해 애도의 뜻을 표한다. 셰이크가 『쿠란』 구절을 암송하는 동안 조문객은 유족에게 애도의 뜻을 전한다. 셰이크는 30분마다 휴식하는데, 이런 휴식 시간 중 하나를 기다렸다가 모임을 떠나는 게 좋다. 이 자리에서는 튀르키예식 플레인 커피가 제공된다. 애도의 표현으로 남성은 검은색 정장에 검은 넥타이를 매고, 여성은 검은색 옷을 입는다. 여성은 같은 이슬람 사원에 별도로 마련된 장소나 고인의 집에서 조문객을 받는다.

장례식이 끝나면 3일 동안 애도 기간이 이어진다. 이 기간에 고인의 친척은 모두 검은색 옷을 입고 남편을 잃은 미망인은 1년 동안 검은색 옷을 입어야 한다. 하지만 다시는 색깔이 들어간 옷을 입지 않는 미망인도 많다. 애도 기간에 가족과 가까운 친구가 유족의 어려움을 보살피며 유족과 함께 지내기도 한다.

사망 후 7일이 지나면 『쿠란』 독회가 열린다. 가족과 가까운 친구가 고인의 집에 모여 『쿠란』을 각자 한 구절씩 읽는다. 사망 후 40일이 지나면 고인의 집에서 다른 예배가 열린다.

이집트에서는 장례식에 꽃을 보내지 않는다. 꽃은 보통 축하할 만한 행사에 보낸다. 장례식에 꽃을 보내는 행동은 장례가 행복한 행사라는 뜻으로 받아들여질 수도 있기에 엄청난 무례가 될 수 있다.

일상생활

이집트 내부의 이주 때문에 크고 작은 이집트 도시는 엄청난 압박을 받았고 그 결과로 극심한 인구과밀이 이어졌다. 도시계획이라 할만한 것이 없다 보니 사회 기반 시설이 그 지역의 필요를 충족시키지 못하는 일이 비일비재하다. 가령 알렉산드리아처럼 강수량이 많은 지역조차 도로에 배수구가 없다.

도시에서의 일상은 다른 나라와 비슷하다. 사람들은 직장으로 통근하고 주말이나 휴일에 사람을 사귄다. 경제적 압박, 과밀한 인구, 교통 혼잡, 공해로 일상생활이 단조로울 수는 있지만, 사교 생활이 스트레스를 해소하는 데 도움이 된다.

이집트인은 일반적으로 이집트에 거주하는 외국인에게 슈퍼마켓에서 파는 식재료는 비쌀뿐더러 질도 떨어지니 애초에 식사는 직접 해 먹으라고 권한다. 이집트 여성은 열의가 넘치는 요리사로, 기본부터 차근히 지키기를 선호하는 탓에 신선한 과일과 채소는 식료품점에서, 고기는 정육점에서, 생선은 생선 가게에서 산다. 이들은 파는 농산물의 품질이 믿을만하다고 생각하는 단골 상점을 찾을 가능성이 크다.

【 도시에서의 인맥 】

도시 가정에는 보와브^{bowab}(수위)나 바칼^{baqqal}(식료품점)이나 막와기^{makwagi}(다림질하는 사람)처럼 가족 외부에서 필수적인 서비스를 제공하는 작은 인맥이 있다. 보와브는 사는 곳에 있고, 식료품점이나 세탁소는 보통 한두 블록 이내의 거리에 있다.

공식적으로 보와브의 역할은 경비원 일이지만, 관리인 역할을 하거나 심부름을 대신해 주거나 차를 세차해주기도 한다. 보통 같은 건물의 작은 방에 살면서 주민으로부터 소액의 급여를 받는다.

이집트에서는 바칼린(바칼의 복수형이다) 대부분이 식료품을 문 앞까지 배달해준다. 전화 한 통이면 빵, 우유, 버터, 통조림, 생수 등 일상에 필요한 생필품을 구할 수 있다. 그 지역의 바칼과 관계를 맺은 다음에는 외상 제도를 이용할 수 있고 대금은 월말에 몰아서 결제하면 된다. 중상류층이 많이 거주하는 지역에서는 보통 모바일 앱으로 이용할 수 있는 중앙 집중식 배달 서비스를 이용하기도 하는데, 이를 통해 식료품을 주문하거나 지역 식당에서 음식을 주문하기도 한다.

대부분 지역에는 지역마다 막와기가 있다. 옷을 자루에 담아 보내면 세탁하고 다림질한 다음에 잘 개거나 옷걸이에 걸어서 보내준다. 호텔에서 제공하는 세탁 서비스보다 저렴하다.

【 시골 생활 】

시골 생활은 훨씬 보수적이다. 가족 내 위계질서가 더 엄하고 남성이 무소불위의 권위를 행사한다. 집 이외의 곳에서 일하는 여성은 더 적다. 삶의 속도에는 리듬이 있다. 농부는 새벽에 일어나 동네 이슬람 사원에 가서 기도를 드린다. 온종일 밭에서 일하고 낮기도 시간에 잠시 쉰다. 집에 돌아와 식사하고 잠시 쉬었다가 다시 밭으로 나간다. 저녁에는 가족과 함께 가벼운 식사를 한다.

시골 사람의 꿈은 소박했다. 집과 가족과 경작할 땅을 갖고 싶다는 게 전부였다. 자녀가 성장하면서 땅을 일구는 데 도움을 주었기에 부모에게 자식은 일종의 투자이자 사회보장 수단이었다.

나세르의 혁명으로 이런 역학관계가 바뀌었다. 농업은 규제되었고, 넓은 땅을 소유한 대지주로부터 땅을 빼앗아 실제로 농사짓는 사람에게 나눠 주면서 그 토지의 소유권을 부여했다. 토지 소유권은 상속되었기에 이런 토지를 자녀에게 그리고 다음에는 손자녀에게 나눠 물려주었다. 오늘날 인구가 성장함에 따라 잉여는 고사하고 생계를 꾸려나갈 정도의 생산량도 간신히 유지하고 있다.

하지만 토지가 부족해지고 크고 작은 도시로 이주하는 인구가 늘어나면서 농촌 가정은 이제 자녀가 농업에 종사하기를 기대하기보다는 교육을 뒷받침함으로써 그들의 미래를 보장받는 길을 택하고 있다. 여기에는 추가적인 경제적 부담이 따르기 때문에 많은 사람이 아이를 적게 낳겠다는 결정을 내리고 있다.

【패션】

1970년대까지만 해도 도시 이집트 여성은 현대성과 세속주의를 표방하면서 유럽식 복장을 했다. 이런 복장은 길고 헐렁한 옷과 머릿수건으로 이뤄진 농촌의 복장과 극명하게 대조되었다. 옛날 이집트 영화를 보면 여성 대부분이 얼굴을 가리지 않은 채 등장하지만, 무슬림형제단의 영향력이 커지고 와하비파의 압박이 강해지는 한편, 보수적인 걸프 국가에서 돌아온 이주 노동자가 그곳에서 실제로 경험했던 수수함을 본받고 싶어하면서 상황은 극적으로 바뀌었다.

상류층 이집트 여성은 여전히 서구식 의상을 즐겨 입지만,

이슬람주의의 영향으로 오늘날 이집트 여성 대부분은 머리를 가리고 있다. 갈라베야(길고 헐렁한 가운 형태의 전통 복장)와 히잡(머리를 가리는 스카프)에서 청바지와 창의적인 머리덮개가 달린 세련된 상의에 이르기까지 다양한 스타일을 볼 수 있다.

카이로에서의 패션 관련 촬영

원칙상으로야 여성이 자기가 입을 옷을 선택할 수 있다고 한다. 하지만 전문직에 종사하는 일부 이집트 여성은 직장 내에서 동료에게서 베일을 쓰거나 팔을 완전히 가리라는 압박을 받는다면서 큰 불만을 드러내기도 한다. 하지만 히잡을 쓴다는 이유로 자신이 자격을 갖춘 일자리를 얻지 못한다고 불만을 토로하는 여성도 있으며, 고용 조건으로 히잡을 벗는 것을 내거는 예비 고용주도 있다.

06

여가생활

나일강변은 수많은 활동의 배경이 되는 장소다. 부유한 이들이 식사와 춤을 즐길 수 있는 식당과 술집이 늘어서 있다. 갓 결혼한 신랑과 신부는 친척 여럿과 함께 나일강을 배경으로 사진을 찍는다. 공개적으로 갈만한 장소가 거의 없는 젊은 연인은 강둑에 줄지어 앉아 사회의 호기심 가득한 눈길을 피한다.

금요일에 주말을 즐기는 이집트인은 야외에서 사교 활동을 즐기거나 산책이나 보트 여행이나 소풍을 좋아한다. 하지만 무더운 날씨와 경제적 제약 탓에 활동 대부분은 보통 집과 같은 실내에서 이뤄진다. 경제적으로 외식할 여유가 되는 사람은 단체 외식을 하는 경우가 흔하다. 2인용 식사 자리보다 6인용 식사 자리가 더 일반적이다. 가족이나 친구가 야외 공간에 모여 음료를 마시면서 시샤(물담배를 뜻한다)를 즐기거나 주사위 놀이를 하는 등 흘러가는 일상을 지켜보는 게 가장 인기 있는 취미다.

나일강

나일강은 이집트인의 놀이터로 이집트인의 수많은 사교 활동이 이곳에 모여든다. 파티 보트가 승객의 환호와 박수에 맞춰 요란한 아랍 음악을 시끄럽게 울리면서 강을 오간다. 대형 유람선이 유유히 지나가고, 밖에서는 볼 수 없지만 그 안에는 벨리 댄서의 춤과 호화로운 뷔페가 마련되어 있다. 나일강에서 자기 요트를 타고 오가는 부유층의 행렬에 동참하고 싶다면 자신이 탈 요트를 빌릴 수도 있다.

　낭만적인 펠루카 여행을 여전히 즐길 수 있다. 이런 전통적인 돛단배에서 바라보는 석양은 마법과 다름없다. 펠루카는 30분 단위로 빌릴 수 있다. 보통 전문적인 승무원이 조종하며 승객이 직접 음식이나 음악을 준비해갈 수 있다.

　나일강변은 수많은 활동의 배경이 되는 장소다. 부유한 이들이 식사와 춤을 즐길 수 있는 식당과 술집이 늘어서 있다. 갓 결혼한 신랑과 신부는 친척 여럿과 함께 나일강을 배경으로 사진을 찍는다. 낚시꾼은 탁자와 의자를 가져다 놓고 물고기가 잡힐 때까지 몇 시간이고 하염없이 기다린다. 공개적으로 갈 만한 장소가 거의 없는 젊은 연인은 강둑에 줄지어 앉아 사회의 호기심 가득한 눈길을 피한다.

　기민한 상인이라면 이익을 거둘 기회를 절대 놓치는 법이 없다. 이들은 어린이용 풍선에서부터 옥수수와 군고구마에 이르기까지 모든 것을 판매한다. 시원한 음료와 따뜻한 음료, 장난감을 비롯해 짝퉁 롤렉스 시계까지 이 모두를 야외에서 살 수 있다.

즐거움을 위한 쇼핑

이집트에는 상류층을 대상으로 한 부티크에서부터 야외 시장까지 쇼핑할 수 있는 장소가 여럿 있다. 최근 들어 미국식 쇼핑몰 인기가 폭발하고 있다. 주요 도시마다 복합 상영관, 상점, 카페를 갖춘 쇼핑몰과 세계적인 브랜드 매장이 있다. 젊은이는 쇼핑몰을 커뮤니티 클럽처럼 여긴다. 이곳에서 친구를 만나 구경하고 과일주스를 마시다가 편안하게 에어컨 바람을 쐬면서 서로 어울린다.

이집트인은 자신이 쓸 향신료, 옷, 장신구나 그 밖의 생활용품을 야외 시장에서 사는 것을 선호한다. 야외 시장은 아침 10시에서 밤 10시까지 운영된다. 금요일 기도 시간에는 모든 상점이 문을 닫는다.

마음에 쏙 들었던 장신구를 사지 못해서 실망하지 않으려면 시장이나 노점상을 찾을 때 현금을 챙겨가는 게 가장 좋은 방법이다. 이런 환경에서 비자 기계라고 불리는 카드 결제기를 갖춘 상인을 찾기 힘들고, 현금을 찾을 수 있는 자동 현금 입출금기[ATM]를 찾기란 더더욱 힘들다.

어느 상점이든 신용카드로 결제하면 수수료를 따로 내야

하고 따라서 손님이 내야 할 금액이 커지므로, 신용카드 결제기가 있더라도 현금으로 결제하는 편이 더 낫다.

관광객이 많은 지역에서는 상인 대부분이 물건을 싸게 주겠다고 약속하면서 여행객을 자기 가게로 끌어들이려고 애쓴다. 전통시장이나 야외 시장에서 흥정을 벌이는 일은 당연한 과정이다. 경험 많은 쇼핑객은 좋은 물건을 싸게 사는 확실한 요령이 있다고 말한다. 첫째, 가격이 아주 싼 물건값을 흥정한다고 본인이나 판매자의 시간을 허비하지 말라. 살 생각이 없다면 흥정하지 말라. 흥정은 일종의 구두 계약이나 마찬가지여서 가격에 합의해놓고 물건을 사지 않은 채 자리를 떠나는 행동은 무례로 여겨지며, 특히 가격을 깎으려고 시간을 들인 때에는 더욱 그렇다.

어디서나 살 수 있는 물건을 특정 상점에서 사라고 고집부리는 가이드를 만난다면, 그 사람을 조심하라. 그 상점에서 수수료를 받고 있어서 가격이 올라갈 수 있으니 말이다. 상술에 능숙한 상인 중에는 순진한 여행객을 과대광고로 현혹해 물건을 사게 만드는 사람도 있다고 알려져 있다. 상인이 향을 팔려고 애를 쓰면서 클레오파트라가 사용했던 향과 같은 거라고 말한다면, 아마 그 말은 십중팔구 사실이 아닐 것이다.

현대식 슈퍼마켓이나 쇼핑몰에서는 흥정이 이루어지지 않으며, 보이는 가격대로 사면 된다.

· 흥정의 기술 ·

흥정에는 몇 가지 기술이 있는데, 여기서 제시한 기술은 그중 한 가지에 지나지 않는다. 마음에 드는 물건을 찾았다면 그 물건 말고 다른 물건의 가격을 먼저 물어보라. 사고 싶다는 마음에 조바심을 내비치면 가격은 그냥 올라간다. 그러다가 가게 주인의 관심을 원래 원했던 물건으로 돌리고 가격을 물어보라. 다른 가게를 돌아보고 다시 들르겠다고 말하라. 여러 상점을 돌면서 똑같이 하라. 그 물건의 가격이 보통 어느 정도나 하는지 감이 오면 가게 중 한 곳을 골라 들어가 흥정을 시작하라.

흥분하지 말고 그 물건에 하자가 없는지 찾아보라. 상인은 이런 행동이 게임의 일부임을 알고 있다. 당신이 진정으로 구매에 관심이 있다는 생각이 들면, 상인은 차를 권하거나 대화를 나눌 수도 있다. 만족할 만한 가격으로 합의가 되면 악수하고 결제하라.

문화 활동

【 영화 】

이집트는 1930년대 이후로 강력한 영화 전통을 유지하고 있다. 이집트에서 제작한 영화는 아랍 세계 전역에서 상영된다. 이집트 영화의 황금기는 1940년대와 1950년대였다. 나세르 대통령은 밤에 미국 서부영화를 보고 나서야 잠자리에 들었다는 소문이 무성했고, 사다트 대통령은 가족과 영화를 보느라 하마터면 쿠데타 기회를 놓칠 뻔했다고도 한다. 영화산업은 1970년대와 2000년 사이의 기간에 침체를 겪었지만 상업 영

카이로 시내에 있는 영화관

화와 다큐멘터리가 제작되면서 반등에 성공한 것으로 보인다.

영화관은 주요 도시와 쇼핑몰에서 찾아볼 수 있다. 하지만 안타깝게도 이집트 영화의 전성기에 지어졌던 대형 영화관은 대부분 운영이 중단되거나 문을 닫았다. 모든 영화는 이집트 당국의 검열을 받는다. 섹스나 과도한 폭력, 신성모독으로 여겨지는 장면은 모두 삭제된다.

【연극】

이집트 연극의 역사는 수천 년 전으로 거슬러 올라간다고들 한다. 고대 이집트에서 이야기를 만들어 공연했다는 고고학적 증거가 있지만, 그 성격이 정확히 무엇이었는지는 분명하지 않다. 오늘날 이집트에서 우리가 알고 있는 연극은 이슬람 제국 시대, 즉 맘루크와 오스만 제국 시대에 그 뿌리를 두고 있으며, 이 시절 연극은 종교 축제나 시장에서 공연되었다.

그리스인이나 로마인은 일종의 오락거리로 연극을 도입했지만, 서양식 연극이 본격적으로 시작된 건 1789년 프랑스 혁명기였고, 그로부터 거의 한 세기가 지난 후에 이스마일 파샤가 수에즈 운하의 개통을 축하하면서 프랑스 희극 극장과 오페라 하우스를 세웠다. 초기의 이집트 작품은 유럽 문화의 영향을 크게 받았지만, 시간이 지나면서 이집트 고유의 형식과 주제를 결합하는 방향으로 발전했다. 1950년대 이후 이집트의 유명 극작가로는 타우피크 알하킴^{Tawfik Al Hakim}, 알프레드 파라그^{Alfred Farag}, 유수프 이드리스^{Youssef Idris}, 노아만 아쉬푸르^{Noaman Ashour} 등을 꼽을 수 있다. 1970년대에 만들어진 고전적 희극, 가령 「말썽꾼 학교」^{Madraseit El Moshaghbeen}(1973년)나 「부부」^{Al Motazawegoon}(1978년) 같은 작품은 오늘날에도 여전히 이집트인에게 사랑받고 있다.

1980년대에 외국 영화가 수입되면서 실제로 연극을 보는 관람객 수가 줄어들었다. 하지만 2011년 혁명으로 정치적 주제를 담은 연극이 활발하게 제작되었고 많은 이집트 청년이 연극과 다른 공연 예술을 통해서 시나 춤이나 글쓰기로 자신을 표현하고 있다. 오늘날 연극은 이집트 문화의 중요한 한 축으로, 재능있는 많은 감독과 극작가와 배우가 이집트의 역사와 현재의 사회문제를 반영한 혁신적이고 생각을 일깨우는 작품을 만들어 내고 있다.

【음악】

이집트에서 음악은 문명만큼이나 오래되었다. 소 모습을 한 여신으로 음악을 발명했다고 여겨지는 바트^{Bat}는 종종 타악기인 시스트룸과 연관된다. 수많은 고대 무덤의 벽화와 출토된 유물은 음악이 얼마나 중요했는지를 증명한다. 신석기 시대(기원전 440년경)에는 작은 조개껍질이 호각으로 사용되었고, 전왕조 시대에는 장례식 노래에 클래퍼^{clappers}(단단한 두 개의 긴 조각을 서로 부딪쳐 소리를 내는 타악기의 일종 - 옮긴이)가 쓰였다. 고왕국 시대부터 하프, 피리, 두 개의 관이 이어진 더블 클라리넷이 쓰였다는 강력한 증거가 존재한다. 타악기와 류트가 중왕국 시대의 악단에서 사용되었음은 분명하다. 심벌즈는 종종 악단이나 무용단을 따라 움직였다.

초기 이집트 음악은 로마와 비잔틴 제국에서 영향을 받았고, 로마와 비잔틴 제국의 음악은 다시 셈족과 고대 이집트 그리고 그리스 음악에서 영향을 받았다. 중세에 접어들면서 이집트에서는 철저한 금욕주의를 추구하면서 음악에 반대하는 몇몇 종교 집단이 생겨났다. 이들이 반대한 이유는 음악이 죄악이며 도덕적이지 않다는 점이었다. 특히 12세기와 13세기

음악가와 무용수가 그려진 기원전 1420년~기원전 1375년의 네바문 무덤 벽화

전반에 북아프리카와 스페인 지역 대부분을 통치했던 베르베르족 이슬람 왕조인 알모하드 왕조가 큰 영향을 미쳤다. 이슬람 율법을 엄격히 해석하기로 유명한 이들은, 예술이나 음악이 알라에 대한 신심을 흐트러트리고 나아가 비도덕적인 행동으로 이어진다고 믿으면서 예술과 음악에 강력하게 반대했다. 더 나아가 이들은 음악을 기독교와 유대 문화에 결부시키기도 했다.

하지만 이런 검열의 눈초리에도 음악은 여전히 이집트 사회에 굳건히 뿌리내리고 있었다. 알라티예Alateeyeh라는 남자 가수

이집트 전통 노래를 연주하는 뮤지션들

는 특별한 날에 노래를 부르도록 고용된 전문 음유시인 같은 존재였다. 하지만 안타깝게도 이들의 일은 그렇게 존경을 받지는 못했다. 역설적으로 아왈림^{Awalim}이라는 여자 가수가 더 나은 보수를 받았고 사회적 평가도 더 높았다. 이들은 보통 눈에 띄지 않는 곳에서 노래를 불렀고, 하렘의 주인이 중요한 손님을 접대하려는 목적으로 이들을 고용하는 일도 종종 있었다. 이 시대의 노래는 단순했고 사용하는 음역의 폭이 좁아서 아주 비슷하게 들렸다. 하지만 단순하더라도 뚜렷한 발성과 떨림이 있는 목소리로 장식되었다.

이집트 음악이 녹음되기 시작한 건 1910년대부터로, 전통적이거나 현대적인 대중음악은 평범한 사람의 일상과 분투를 표현했다. 20세기 이집트의 클래식 작곡가나 가수로는 사예드 다르위시, 움 쿨숨, 압델 할림 하페즈가 있다. 카이로 출신의 파트마 사이드는 이탈리아 밀라노의 라스칼라 무대에서 노래한 최초의 이집트 소프라노로, 2016~2018년 영국 BBC 라디오 3의 신세대 음악가 지원 프로그램 참여자로 선정되었다.

수니파 이슬람과 콥트 정교회의 전통 의례에서는 종교 음악이 계속 사용되고 있다. 현대 이집트의 민속 음악은 타악기가 강조되는 특징과 리듬뿐만 아니라 사용되는 악기의 측면에서 여전히 전통적인 음악 형식에 뿌리를 두고 있다. 누비아 음악은 보통 드럼과 박수로 반주한다. 알리 하산 쿠반은 누비아 전통 음악과 재즈를 접목해 누비아 음악의 대부라는 칭호를 얻었다. 사이디^{Sa'idi}(상이집트인) 음악은 드럼, 플루트, 오보에, 줄 두 개짜리 바이올린으로 연주되며 클래식 음악과 대중음악이 한데 섞여 강력한 민속적 정취를 자아낸다.

'대중의'라는 뜻인 샤비^{Shaabi}는 매우 인기 있는 아랍 거리 음악의 한 유형이다. 유명한 예를 들자면 1970년대에 발표되었던 「식 샥 쇽」^{Shik Shak Shok}이라는 곡이 있다. 벨리 댄스를 가르치는 것과 연관된 이 노래의 가사는 서양 음악을 버리고 자기 나라의 음악과 '발라디' 댄스를 받아들이라고 요구한다. 1990년대에 발표된 이 노래의 두 번째 버전은 음악가에게 랩과 록을 떠나 원래의 동양풍 댄스 음악으로 돌아오라고 다그친다.

랩 음악이 이집트에 처음 등장한 것은 1990년대 말이고, 이집트 엘렉트로라고도 불리는 마흐라가나트^{Mahraganat}가 2000년대에 등장해 거리 음악의 유행 장르로 떠올랐다. 이집트인 중에서 이런 음악을 좋아하는 사람도 있고 싫어하는 사람도 있겠지만, 폭넓은 인기에도 불구하고 제한받고 있으며 전문 음악인 연합의 승인도 얻지 못하고 있다.

【 벨리 댄스 】

벨리 댄스라는 말은 라의 발라디^{Ra's Baladi}('현지의 춤'이라는 뜻이다)를 서양식으로 칭한 이름이다. 몇몇 역사가는 중동에서 유래한 이 도발적인 춤이 한때는 다산을 기원하는 의례였으리라고 생각한다. 엉덩이와 팔을 둥글게 돌리는 동작은 그 음악이 전하는 감정과 리듬을 그대로 모방한다.

이집트인은 벨리 댄스를 두고 매우 상반된 태도를 보인다. 한편에서는 벨리 댄스를 민족 예술의 한 가지 형식으로 보고 많은 가정에서 여러 행사나 결혼식에 벨리 댄서를 불러 공연

라의 발라디 공연 모습

을 즐긴다. 그런 자리에 모인 남성과 여성은 물론 아이들까지 벨리 댄서에게 환호하고 어린 여성에게 무대에 함께 올라 벨리 댄서와 함께 춤춰 보라고 권하기도 한다. 하지만 동시에 이집트인은 자기 딸에게 벨리 댄서가 되라고 권하지는 않을 것이다.

여가

이집트인은 여가를 어떻게 즐길지 확실히 안다. 저녁 외출이든, 긴 주말이든, 아니면 여름휴가든, 재미를 쫓는 이들이 할 수 있는 일은 많다. 그럴 경제적 여유가 있는 사람이라면 해외여행을 떠나겠지만, 이집트인이라면 누구나 자기 나라에 자부심을 느끼며, 이집트의 역사적이고 문화적인 관광 명소를 즐겨 찾는다. 코로나바이러스 팬데믹 이후로는 소규모 개인으로 이뤄진 그룹 여행, 사막 체험, 생태관광, 깊이 있는 문화 체험 같은 틈새 여행 옵션이 더 큰 인기를 얻고 있다.

【 저녁 외출 】

서양의 기준으로 따지면 이집트인은 꽤 늦게까지 일한다. 기업이나 상점은 밤 10시 정도가 되어야 문을 닫는다. 그래서 서비스업에 종사하는 사람은 알렉산드리아에서든 카이로에서든 친구를 만나서 카페에 가거나 전망 좋은 절벽 도로를 산책할 수있다. 영화관의 마지막 회는 보통 10시 30분에 시작하며, 이런 영화 관람은 인기 있는 오락거리다.

【 수상 스포츠 】

나일강을 따라서 또는 지중해나 홍해 인근에 크고 작은 도시가 많다 보니 즐길 만한 수상 스포츠도 다양하다. 수온이 쾌적한 곳에서는 일광욕, 수영, 다이빙, 보트 타기를 즐길 수 있고, 나일강에서는 보트 타기, 낚시, 유람선 관광을 즐길 수 있다.

【 해변 】

이집트 북쪽 해안과 홍해에는 몇몇 아름다운 해변이 있다. 하지만 모든 해변이 일반에 공개되어 있지는 않기 때문에, 여행자가 아무 해변에나 차를 세우고 수영이나 스노클링이나 다이빙을 즐길 수는 없다. 호텔이나 휴양 시설과 마찬가지로 해변

산호 물고기 떼에 둘러싸인 홍해의 스쿠버 다이버들

도 겨울에는 문을 닫는다. 누구나 이용할 수 있는 공공 해변이 지정되어 있고 호텔이나 휴양 시설에 딸린 사유지 해안도 있지만, 모든 해변에 안전요원이 배치되어 있지는 않다.

【 사막 체험 】

이집트인은 황량하지만 숨 막힐 만큼 아름다운 사막, 특히 사막에서 별을 바라보는 체험을 즐긴다. 사막 체험 활동은 주로 사륜구동 차량으로 진행되는 사파리와 모래언덕에서 미끄러

이집트 동부 사막에서 사륜차를 타고 있는 관광객들

져 내려가는 샌드보딩이다. 정부가 사막 여행을 제한하기 때문에 마음대로 텐트를 치는 행동은 금지되어 있다. 시나이반도 북부에서는 특히 더 그렇다. 하지만 일반적으로는 베두인족의 텐트를 숙소로 사용하는 사막 체험 캠핑 투어는 예약할 수 있다.

【 낚시 】

낚시는 나일강이나 나세르호를 비롯한 작은 호수, 그리고 지중해와 홍해 연안에서 인기 있는 오락거리다. 심해 낚시를 위해서 낚싯배를 전세 낼 수 있지만, 허가가 필요하다. 외국인이 이 허가를 받으려면 여권을 제시해야 한다.

외식

전 세계 어디에서든 갓 내린 커피와 갓 구워낸 빵 냄새를 맡으며 잠에서 깨는 일만큼 식욕을 돋우는 일은 없다. 이집트에서는 바삭한 크루아상부터 아이쉬 발라디[ai'sh baladi](각종 밀가루로 만든 피타 같은 빵)까지 다양한 빵을 아침 식사로 맛볼 수 있다. 현대의 이집트 음식은 맛있다. 튀르키예와 중동 요리에서 영향을 받았지만, 거슬러 올라가면 고대 이집트의 식단에 그 뿌리를 두고 있다. 하지만 훌륭한 이집트 요리는 가정에서 맛볼 수 있고 같은 요리라도 다른 집에서 하면 다른 맛을 기대할 수 있다. 이집트 요리를 내는 식당이 많지만, 요리의 질은 가정 요리에 비할 바가 아니다. 마흐시[mahshi](쌀 등을 채소 속에 채워 찐 요리)처럼 가정에서 맛볼 수 있는 훌륭한 요리에는 정성스러운 준비가 필요하다. 식당에서는 풀[ful]이나 팔라펠[falafel]처럼 준비가 간단한 기본 요리를 내는 경향이 있다.

이집트인은 아내나 어머니가 신선한 재료를 위생적으로 조리한다고 믿기에 집밥을 선호하며, 집에서 완벽할 만큼 훌륭한 식사를 즐길 수 있는데 굳이 외식해야 할 필요가 없다고 생각한다.

유럽에서도 그렇지만 이집트에서도 음식은 문화유산의 일부로 여겨지기 때문에 오늘날 이집트에는 전통적인 요리 기술과 요리법을 보존하려고 노력하는 사람이 꽤 많다. 하지만 이

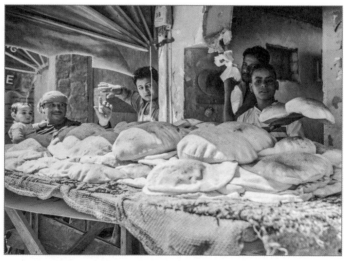

시와 오아시스 지역의 길거리 빵집

집트인이 아닌 외부인은 진짜 이집트 요리의 극히 일부만 맛보고 끝날 가능성이 크다. 중급 식당은 대부분 훌륭하고 재치넘치는 이름을 달고는 있어도 확실히 창의적이지 못하며, 일반적으로 같은 메뉴를 조금씩 변형해서 제공한다. 파스타나 버거 종류, 쌈 요리나 치킨 요리 등 서양인 입맛에 맞춘 요리 일색이다. 이집트 요리는 일반적으로 맵지 않은 편이지만, 요리하면서 기^{ghee}라는 정제 버터를 엄청나게 많이 사용하기 때문에 소화가 잘되지 않을 수도 있다는 점에 주의하는 게 좋다. 요리에는 보통 샐러드와 피클이 함께 나오고 메뉴 대부분에 채소가 들어가지만, 채식주의자를 위한 옵션은 거의 없다.

대도시에는 잘 알려진 패스트푸드 체인도 여럿 있다. 그 외에도 저렴한 가격으로 현지 음식을 파는 노점상부터 스테이크나 닭요리나 파스타 등을 파는 고급 식당에 이르기까지 먹거리를 맛볼 수 있는 다양한 장소가 있다. 이런 곳은 음식값이 비싸기도 해서 이집트인 대부분은 아주 바쁠 때가 아니면 외식을 삼가는 편이다.

이집트 전역에는 이집트식 패스트푸드를 파는 노점이나 작은 가게가 있다. 많은 가게가 보기에 허름하기는 하지만 첫인상에 머뭇거릴 필요는 없다. 깨끗하고 음식도 빠르게 나오는 가게가 많다. 하지만 길거리 노점은 음식이 햇빛에 장시간 노출되고 파리가 꼬이기 때문에 기본적으로 위생적인 선택지는 아니다.

풀과 타메야(팔라펠)

빵과 함께 이집트 현지에서 풀^{ful}로 알려진 토착 콩인 파바 콩은 이집트인 대부분에게 매일 섭취해야 할 열량을 제공한다. 파바 콩을 요리하는 방법은 여러 가지인데, 누구나 좋아하는 나름의 방법이 있다. 기버터나 올리브유로 조리하기도 하고, 타히니(참깨 페이스트)나 잘게 썬 토마토를 올리기도 한다. 큐민을 뿌리거나 레몬을 곁들이기도 한다. 발라디 빵 속에 넣어 주거나 따로 접시에 담아서 내기도 한다. 풀은 영양이 풍부하고 포만감을 주기 때문에 보통 아침으로 먹는다.

  풀 콩은 또 이집트 국민 요리 중 하나로 현지에서 타메야^{Ta'amiya}로 알려진 팔라펠을 만드는 재료로 쓰인다. 파바 콩을 갈아 허브와 향신료를 섞은 다음 튀기거나 구워 만든 작은 공이나 패티 모양의 음식이다(더 동쪽 지역으로 가면, 풀이 아니라 병아리콩으로 팔라펠을 만든다).

쿠샤리

쌀, 파스타, 렌즈콩, 토마토소스, 구운 양파로 만든 쿠샤리 Koshari는 이집트인이 가장 즐겨 찾는 음식이다. 이 음식은 벽에 구멍을 뚫어놓은 가게에서 파는데, 창가에 쌀과 국수를 잔뜩 쌓아 놓아서 한눈에 알아볼 수 있다. 주문하는 법은 간단하다. 그저 몇 인분이 필요한지만 외치면 된다. 마늘 식초를 약간 곁들이면 더한 풍미를 맛볼 수 있다.

몰로키야

몰로키야Molokhiyya는 잎이 많은 녹색 여름 채소를 닭고기 육수에 넣고 조리한 걸쭉한 수프로 이집트에서만 맛볼 수 있는 고

유한 요리다. 닭고기나 토끼 고기를 곁들여 밥 위에 얹어 먹을 수도 있고 그 자체로 먹어도 좋다. 식당에서 몰로키야는 거의 찾아보기는 힘들고, 이집트에서 몰로키야를 잘하는 요리사가 좋은 요리사라는 말을 듣는다.

【육류】

이집트인 대부분에게 고기는 사치이고 대부분 가정에서는 소량으로 조리해 채소나 밥과 함께 낸다. 하지만 식당에서는 고기 요리, 특히 구이 요리를 전문으로 한다.

카밥지는 이집트식 케밥과 그 밖의 구이 요리를 제공하는 식당이다. 대표적인 요리는 케밥, 코프타(간 양고기를 양파와 향신료로 양념한 요리), 그리고 양고기 커틀릿으로 이뤄진다. 주문할 때는 킬로그램 단위로 주문하는 게 일반적이다(500g이면 보통 두 사람이 먹기 충분하다). 닭고기 구이는 쉽게 구할 수 있으며, 모험적인 저녁을 원한다면 일부 식당에서 이집트의 국가적 별미인, 양념이 된 쌀로 속을 채운 비둘기 요리를 맛볼 수 있다.

【어류】

생선은 이집트 어디에서나 먹는다. 시골 지역에서는 주로 민물

고기를 먹는데, 지중해에서 잡은 바닷고기보다 못하다고 여겨진다. 일부 생선은 홍해에서 잡히기도 한다. 생선 요리를 전문으로 하는 식당에서는 직화 바비큐 구이나 튀김옷을 입혀 튀겨낸 생선 요리를 제공한다. 식당의 냉동 뷔페에서 생선을 직접 고를 수 있다.

【 과일과 채소 】

다양한 현지의 과일이나 채소를 제철에 맛볼 수 있다. 수입 과일은 가격이 굉장히 비싸다. 주머니 사정이 괜찮다면 일 년 내내 고급 슈퍼마켓에서 수입 과일과 채소를 살 수 있다.

채소 노점에서는 신선한 과일과 채소를 판다. 이집트인은 가족을 위해 과일을 사다 보니 외국인이 딱 사과 하나만 달라고 하면 과일 상인은 이를 신기하게 여기기도 한다. 이집트에서는 가난한 자의 과일로 불리지만 맛이 아주 뛰어난 과일은 구스베리인데, 해외에서 내는 금액의 극히 일부만 내면 살 수 있다.

【 디저트 】

인기 있는 디저트로는 장미수를 넣은 쌀 푸딩이 있다. 마할라비아는 피스타치오를 곁들인 세몰리나(파스타나 푸딩 등의 재료로 쓰이는 알갱이가 단단한 밀의 일종 - 옮긴이) 베이스의 푸딩이다. 옴알리 um ali('알리의 어머니'라는 뜻이다)는 조리된 페이스트리 조각과 우유, 견과류, 향신료를 넣어 만든 먹기 편한 빵 푸딩이다. 또한 바클라바 같은 동방풍 과자도 매우 흔하다.

배달 서비스

음식 배달 서비스는 빠르고 간편해서 도시에 사는 사람이라면 누구나 음식을 주문해 먹는다. 식당이나 카페는 모두 배달 서비스를 제공하고 있으며, 고객은 인기 있는 도시 배달 앱을 사용할 수 있다. 이런 앱 중 일부는 지역별로, 또 일부는 전국적으로 제공된다.

식사 예절

이집트 식당 대부분은 흡연이 허용되고 금연 식당을 찾기 어려우므로, 비흡연자라면 열려 있는 창문 근처에 앉거나 아니면 환기가 잘 되는 식당이나 카페를 선택하는 편이 좋다.

어떤 식사든 빵을 함께 먹으며 스튜나 찍어 먹는 소스를 먹을 때는 숟가락 대신 피타 빵을 사용하는 게 일반적이다. 전채 요리와 소스는 공동으로 먹는 일이 흔한데, 모두가 자기 빵을 같은 접시에 담긴 소스에 찍어 먹는다. 나이프와 포크를 요청하면 가져다준다.

앞서 살펴봤듯 식사 초대를 받았다면 계산하겠다고 고집을 부리는 게 예의다. 이렇게 서로 내겠다고 밀고 당기다가 결국에는 보통 의지가 제일 강한 사람이 식사비를 계산하게 된다. 초대를 받았으면 초대해 준 상대방을 다시 초대하는 게 예의에 맞는 행동이다.

아흐와

이집트의 전통 커피숍인 아흐와ahwa는 이집트 남성 대부분이 모여 교류하는 사교의 중심이다. 남성은 이곳에서 만나 이야기를 나누면서 긴장을 풀기도 하고, 또 이곳에서 정치와 사회

문제를 토론하고 자기 생각을 개진하고 소문을 퍼뜨리기도 한다. 남성은 일이 끝난 후 이곳에 들러 주사위 게임을 하거나 시샤(물담배)를 피우면서 하루 동안 쌓인 긴장을 푼다. 시샤는 그저 니코틴을 한번 빨아들이는 것에 불과한 게 아니라 시간을 두고 해결해나가야 할 사회적 문제다.

사는 곳마다 인근에는 아하위(아흐와의 복수형)가 여기저기 자리를 잡고 있다. 어떤 곳은 다른 곳보다 소박하고 어떤 곳은 훨씬 세련되었지만, 인테리어는 모두 기본에 충실하다. 보통은 탁자와 의자가 마련된 실내 공간으로 이뤄지는데, 이런 탁자와

카이로에서의 아흐와

의자는 가게를 넘어 인도까지 늘어서 있기 일쑤다. 아흐와에는 주로 찾는 단골손님이 있다. 메뉴는 제한되어 있으며 차와 커피를 비롯해 차고 뜨거운 각종 음료 정도다. 실제로 여성의 출입이 금지되지는 않지만, 전통적으로 아흐와는 남성을 위한 장소다. 여성을 환영하는 아흐와도 여럿 있지만, 이런 곳은 대개 관광객을 대상으로 한 곳이다.

음료

【커피】

이집트에서 전통적으로 마시는 커피는 튀르키예식 커피지만, 요즘에는 카푸치노와 라테를 파는 유럽식 카페가 많이 생겨나고 있다.

전통적인 커피는 맛이 진하고 강하다. 이 커피는 곱게 간 커피 원두에 카르다몸

이집트 전통 커피

(서남 아시아산 생강과 식물의 씨앗을 말린 향신료로 소두구라고도 한다 – 옮긴이)을 함께 넣고 작은 포트에서 끓여 만든다. 이 커피는 여과를 거치지 않는다. 그래서 작은 잔으로 커피를 내면 잔 바닥에 알갱이가 가라앉는다. 설탕은 커피를 끓이기 전에 커피와 섞기 때문에, 커피를 주문할 때는 달기를 어느 정도로 할지 분명히 말해야 한다. 아흐와 사다Ahwa sada는 무설탕 커피, 아흐와 아리하ahwa 'ariha는 설탕을 아주 조금만 넣은 커피, 아흐와 마즈부타ahwa mazbuta는 설탕을 약간 더 넣은 커피, 아흐와 지아다ahwa mazbuta는 단맛이 나는 커피, 그리고 아흐와 카라멜ahwa caramel은 단맛이 아주 강한 커피를 각각 의미한다.

【차】

이집트인은 샤이Shay(차)를 정말 즐겨 마신다. 말린 찻잎을 물에 넣고 난로 위에 올려 끓인 차는 티백을 넣고 우려낸 차보다 맛이 훨씬 진하다. 이집트인은 차를 달게 마신다. 아흐와에서 차를 주문하면 보통은 설탕을 넣어 주기 때문에, 설탕을 원치 않으면 미리 그렇다고 말하거나 맛볼 때까지 차를 젓지 말아 달라고 말하는 게 가장 좋다. 기분을 상쾌하게 해주는 차로는 갓 자란 민트 잔가지를 차에 넣은 민트 차가 있다.

대부분 식당에서는 유리잔에 차를 담아 내지만 관광 시장의 구미를 맞춘 카페에서는 차를 컵에 담아 내기도 한다. 우유를 넣은 차는 보통 아침 식사에서 마시는 음료로 끓인 물이 아니라 뜨겁게 데운 우유를 넣어 만든다.

【 그 밖의 뜨거운 음료 】

이집트인은 히비스커스, 아니스 씨앗, 시나몬, 캐러웨이 같은 허브차를 즐겨 마신다. 이런 음료는 주로 하루 동안 허용될 수 있는 카페인을 모두 섭취했을 때 선택한다. 사홀랍^{Sahlab}은 난초 구근으로 만든 우유 음료로 견과류와 시나몬을 곁들여 먹는다. 겨울이 되면 이집트인은 병아리콩과 고추로 만든 묽은 수프인 훔무스 알샴^{hommos el sham}을 뜨거운 음료로 만들어 유리잔에 담아 마시는데, 이 수프는 속까지 따뜻하게 해준다.

【 차가운 음료 】

과일 주스를 파는 가판대는 이집트에서 맛볼 수 있는 진정한 즐거움 중 하나다. 여름에는 신선한 주스와 주스 칵테일을 만들어 파는 상점과 가판대 주위로 사람이 모여든다. 가장 인기 있는 음료는 사탕수수 주스로, 한여름 더위에 지친 기력을 되

찾기에 좋다. 딸기, 망고, 바나나, 오렌지를 섞어 만든 군침 도
는 음료도 맛볼 수 있다. 단맛을 좋아하는 이집트인의 입맛에
맞춰 항상 설탕이 첨가되므로 설탕을 원치 않으면 넣지 말아
달라고 요청하면 된다.

그 밖의 음료로는 에르 수스$^{\text{'er soos}}$(감초), 타마르 힌디^{tamr}
^{hindi}(타마린드), 카르카디^{karkady}(히비스커스), 소비아^{sobia}(쌀과 코코넛으로
만든 달콤한 유제품 음료) 등이 있다. 라마단 기간에는 훨씬 더 다
양한 차가운 음료를 맛볼 수 있다.

【술】

이슬람교는 음주를 금하지만 실제로 술을 마시는 이슬람교도
도 일부 있다. 물론 이집트의 기독교도나 외국인은 자유롭게
술을 마실 수 있다.

이집트에서는 와인 산업이 성장하고 있다. 맥주 또한 현지
에서 생산된다. 맛이 순한 스텔라가 가장 인기 있는 브랜드다.
외국인 고객을 주로 상대하는 고급 식당이나 호텔에서는 국제
적 브랜드의 맥주, 와인, 증류주를 마실 수 있지만, 바에서는
이런 브랜드를 거의 찾아보기 어렵다. 수입 주류가 아니면 증
류주는 피하는 편이 좋다. 일반적으로 이집트의 증류주는 해

외 경쟁 브랜드와 맛이 전혀 다르기 때문이다.

주류는 가장 보수적인 도시를 제외하면 거의 모든 도시의 주류 판매점에서 살 수 있다. 수입 맥주나 와인이나 증류주를 구할 수 있지만 가격이 비싸다.

밤 문화

이집트의 밤 문화는 그 사회만큼이나 다채로운 면모를 보인다. 벨리 댄스를 공연하고 아랍 음악이 흘러나오는 카이로 피라미드 로드의 허름한 술집에서부터 유명 휴양지인 샤름엘셰이크의 화려하고 번쩍이는 나이트클럽에 이르기까지, 이집트에는 전부 있다.

대도시 곳곳에 있는 인기 있는 바나 나이트클럽에 발을 들여놓으면 이집트가 보수색이 강한 사회라는 사실을 잊기 쉽다. 제한이 심한 사회 규칙을 피해 부유층이나 서구화된 이들은 폐쇄된 공간에서 밤새 술을 마시고 파티를 벌인다.

카이로와 알렉산드리아에서는 고국을 떠나 이집트에 자리잡은 외국인 공동체를 주 고객으로 삼아 운영되었던 바가 이제는 외국인과 현지인을 손님으로 맞이하고 있다. 다소 조잡한 느낌이 들 수도 있지만, 훨씬 더 세련된 곳에서는 느낄 수 없는 향수를 불러일으킨다.

· 팁 문화 ·

이집트인은 서양인보다 수입이 훨씬 적은 탓에 많은 이들이 박시시(팁)에 기대어 살아간다. 이들은 팁을 훌륭한 서비스에 대한 보상이 아니라 정기적으로 받는 작은 보조금 정도로 여긴다. 가방을 옮겨준 사람도, 주차를 도와준 주차요원도, 그리고 영화관에서 자리를 안내해준 안내원도 모두 팁을 기대한다. 박시시를 주면 정육점 주인은 가게 뒤편에서 더 좋은 고기를 가져다주고 수위는 심부름을 대신해준다. 부유한 이집트인은 거의 모든 일에 팁을 준다.

식당 계산서에는 식대와 일반 판매세와 봉사료가 포함되어 있다. 이 중에서 봉사료는 모든 식당이 정부에 내는 세금으로 종업원에게 주는 팁과 혼동해서는 안 된다. 팁을 남기고 싶으면 계산서 금액에 팁을 추가하라. 그렇지 않으면 당신의 시중을 들던 종업원은 단 한 푼도 받지 못한다. 팁은 10%가 적당하지만, 이보다 조금 더 줘도 좋다.

새로운 요금제가 적용된 택시의 경우, 종종 요금을 반올림해서 받는 일도 있기는 하지만 더 이상 팁을 요구하지는 않는다.

이집트인이 "카바레"라고 말할 때는 아마 저녁을 먹고 술을 마시고 벨리 댄스 쇼를 즐길 수 있는 나이트클럽을 가리킬 가능성이 크다. 전통적인 이집트인은 이런 장소를 제도화된 사창가와 다름없다고 여기기에, 외국인만큼 이런 카바레에서 저녁 시간을 보내고 싶어 하지 않을 수도 있다.

스포츠

이집트에서 스포츠라고 하면 바로 축구다. 이집트인은 축구에 열광하며 여름이 되면 교통 상황이 어떻든 간에 많은 거리가 축구 경기장으로 바뀐다. 도시마다 자체 사교클럽이 있고(대도시에는 이런 클럽이 여럿 있다) 아이들은 이곳에서 자기가 선택한 스포츠를 훈련한다. 이런 클럽은 여러 가족이 모이는 만남의 장소이기도 하며 많은 가족이 금요일 점심을 이곳에서 해결한다.

이집트가 국가 대항전에서 승리하면 축구 열기가 전국을 휩쓴다. 이집트인은 이집트를 상징하는 색인 검은색과 흰색과 붉은색 옷을 입고 거리로 뛰쳐나와 승리를 자축한다. 카이로를 대표하는 팀으로는 아흘리와 자말렉이 있다. 이 두 팀은 가장 큰 응원을 받으며 두 팀 간의 라이벌 구도 또한 치열하다. 이집트는 아프리카에서 가장 큰 성공을 거둔 우승국으로, 1986년에서 2010년 사이의 기간에 아프리카 네이션스컵에서 무려 일곱 차례나 우승했다. 안타깝게도 최근 벌어진 경기장 충돌 사태로 클럽에 연고가 있는 극소수의 사람을 제외하고는 경기를 관람할 수 있는 관중 수가 크게 제한되면서, 팬에게 큰 타격이 되었다. 그럼에도 이들은 여전히 카페나 집에서 친구와 함께 텔레비전으로 경기를 시청하면서 자기 팀을 응원한다.

국제 무대에서 이집트는 핸드볼과 스쿼시 종목에서 두각을 나타내고 있다. 이집트에는 24개의 골프장이 있으며, 이 중에서 일부는 중동과 북아프리카 지역 전체에서 최고 수준을 자랑한다. 외국인의 골프장 이용료는 100~200 이집트 파운드다.

도시 밖으로

이집트인은 국경일이나 종교 축제나 주말 연휴가 길게 이어지면 해변으로 향한다. 알렉산드리아나 지중해 해변으로 떠나는 당일치기 여행은 가족 여행으로 인기가 높다. 경제적 여유가 있는 사람은 북부 해안이나 시나이반도 남부나 홍해 인근의 휴양지에 별장을 마련하고 도시에서 벗어나 여름 주말을 보낸다. 이 시기에 현지의 공공 해변에는 휴가를 즐기려는 인파가 엄청나게 몰리기 때문에 사람 많은 곳을 싫어하는 여행자라면 그런 해변을 피하는 편이 좋다.

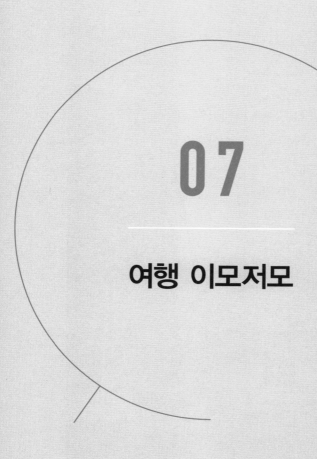

07

여행 이모저모

이집트 주요 도시에 있는 광장을 하늘에서 내려다보면 매우 혼잡하고 사람으로 붐비고 부산하게 움직이는 장면이 보일 것이다. 외국인 여행자는 이런 혼란스러운 광경을 보고 아수라장이라고 생각하겠지만, 이집트인은 그런 혼란 속에도 나름의 질서가 있음을 잘 알고 있다.

유명한 고고학적 유적지와 해변과 사막을 품고 있는 이집트는 여행자에게는 보고나 다름없다. 하지만 인구가 과밀하고 오염이 심하기도 하다. 관광객 대부분은 여행사가 잘 짜놓은 프로그램을 통하기 때문에 이런 실상을 겪지 않아도 되며, 이집트인이 매일 경험하는 생생한 이집트를 용감하게 경험하지 않고서도 유적지에서 식당으로 이동한다. 하지만 여행사의 도움 없이 단독으로 여행하려면 법(즉, 외국인이 여행할 수 있는 곳과 없는 곳, 혼자 여행할 수 있는 사람과 없는 사람 등)과 교통 예절을 비롯해 건강과 안전상의 위험을 숙지하는 것이 중요하다.

도로와 교통

이집트 주요 도시에 있는 광장을 하늘에서 내려다보면 매우 혼잡하고 사람으로 붐비고 부산하게 움직이는 장면이 보일 것이다. 외국인 여행자는 이런 혼란스러운 광경을 보고 아수라장이라고 생각하겠지만, 이집트인은 그런 혼란 속에도 나름의 질서가 있음을 잘 알고 있다. 행인과 수레와 동물이 탱고처럼 딱 맞아떨어지는 방식으로 차량 사이를 누빈다. 여기에는 소

심한 운전자일수록 운전을 제대로 하지 못하는 일종의 운전 다원주의, 적자생존의 법칙이 있다. 도로에는 긴장감이 있지만 그렇다고 공격성으로 뒤바뀌는 일은 아주 드물다. 대부분 스트레스를 누그러뜨리려면 약간의 유머와 기나긴 인내심이 필요하다.

【운전】

이집트에서 운전하는 건 스트레스를 무척 많이 받는 일이지만, 외국인은 종종 운전보다 승객이 되는 일이 훨씬 무섭다고 말하곤 한다. 운전할 때는 적어도 어느 정도 통제력을 발휘할 수 있으니 말이다.

이집트 운전자는 조급한 마음에 손을 마구 흔들어 대기도 하지만, 이는 대개 감정 표현에 지나지 않는다. 운전자 대부분은 다른 운전자에게 자기 앞을 비켜 주거나 긴 차량 행렬에서 자리를 양보하는 등 배려심이 많기 때문이다. 우선 통행권이나 교통 신호나 사이드미러 사용에 관한 서구의 규칙이 이집트에서는 적용되지 않는다. 차선은 지켜지지 않고 2차선 도로를 차 4대가 나란히 지나가는 일도 있다. 공간을 절약하려고 사이드미러를 접거나 사이드미러 자체가 없는 차도 많다. 차가 주기적으로 서로 앞으로 끼어들기에 모두가 늘 서두르는 것처럼 보인다. 그리고 경적도 자주 사용한다. 경적이 때로는 '빨리 가'라는 의미로, 때로는 '조심해'라는 의미로, 또 때로는 다른 운전자에게 인사하는 데 사용되기 때문에 외국인은 경적이 무슨 의미인지 알아차리는 데 곤란함을 겪기도 한다. 교외 지역으로 나가면 정지 신호나 교통 신호가 없어서 운전자는 보통 교차로가 가까워지면 경적을 울리고, 외국인이라면 이렇게 계속해서 울려대는 경적에 당황할 수도 있다. 운전자가 전조등을 깜빡이면 이는 길을 비켜달라는 신호다. 신호등을 무시하는 일도 빈번하다. 간혹 주요 교차로에서는 교통경찰이 교통을 통제하기도 한다.

그렇다면 이집트에 처음 온 사람은 이런 문제에 직면했을 때 어떻게 해야 할까? 황금률은 함께 교차로를 지날 이집트인을 찾는 것이다. 최대한 그 사람에게 붙어서 앞을 보고 뒤가 아니라 앞에 있는 것만 신경 쓰면서 다른 운전자가 경적을 울리더라도 겁먹지 마라. 하지만 물론 주위 상황을 둘러보며 침착하게 대응하라.

개선하려는 노력을 많이 기울였음에도 여전히 많은 지역에서는 도로 사정이 열악하다. 포장 상태는 나쁘고 길에 구멍이나 있거나 표지판이 제대로 설치되지 않은 곳도 많다. 도시 간 고속도로는 대체로 상태가 좋은 편이지만, 시골의 진흙 도로는 아무리 뛰어난 운전자라도 운전이 만만치 않을 수 있다.

속도 제한은 엄격히 적용된다. 특히 거리 제어 레이더 감시 장비가 과속 운전자를 적발하는 도시 간 고속도로에서는 더욱 그렇다. 과속으로 적발되면 면허증을 압수당하며 교통 본부에 가서 벌금을 내고 면허증을 되찾아야 한다. 시간이 오래 걸리는 관료주의적 절차는 피하는 게 상책이다. 도로에서 운전자는 경찰에 대해 '우리 대 그들'이라는 태도를 보인다. 운전자는 과속 감시 레이더가 작동 중이거나 경찰이 길을 막고 있으면 마주 오는 차량에 속도를 낮추라고 전조등을 깜빡여 줌으로써 운전자는 한편이라는 생각을 드러낸다.

운전 중 휴대전화 사용, 안전띠 미착용, 금지구역 불법주차 (특히 해안이나 강변 도시의 절벽 도로변) 등의 위반행위를 하면 면허를 압수당할 수 있다. 이런 경우 많은 이집트인은 교통경찰에게 그런 위반을 없던 일로 해 달라고 얼마간의 돈을 준다. 어떤 경우에도 경찰관은 그런 뇌물을 받지 않으므로 옷깃에 별을 달고 있는 사람에게는 돈을 주지 마라. 더군다나 외국인이라면 법의 테두리를 지키는 것이 좋다.

국제운전면허증의 유효기간은 1년이다. 외국인은 최대 3개월까지 자국의 면허증을 쓸 수 있다. 거주자라면 이집트 면허증을 신청할 수 있다. 정식 검문소에서는 신분증, 운전면허증, 등록증을 제시하라는 요구를 받을 수 있으므로 이런 서류를 반드시 소지하고 있어야 한다.

【주차】

정부 건물이나 대사관, 외교관이나 정치인 관저 앞을 제외하면 어디든 대부분 주차가 가능하다. 주차 표지판이 항상 명확하지는 않다. 따라서 가장 좋은 방법은 관용차가 아닌 다른 차가 거기 주차되어 있다면 그곳에 주차할 수 있다는 것이다. 하지만 그 구역의 보와브(수위)에게 주차가 가능한지 물어보라. 주차 공간이 특히 협소해서 공간을 확보하기 어려울 때는 지나가던 사람이나 보와브가 대신 주차를 해주거나 주차를 도와주는 게 일반적이다. 이는 이집트인이 친절함을 타고났음을 보여 주는 또 다른 측면이기도 하다.

장점은 노상 주차가 무료라는 점이다. 단점이라면 주차 공간을 찾기 어렵고 특히 인구밀도가 높은 지역에서는 더욱 그렇다는 점이다. 이집트인은 평행 주차 기술의 달인이어서 불가능할 것처럼 보이는 틈새에도 능숙하게 차를 주차한다. 도시, 특히 카이로에서는 어느 정도 창의력을 발휘해야 한다. 이중 주차는 불법이지만 매우 흔한 일이고 경찰도 거의 신경 쓰지 않는다. 이중 주차를 할 때면 비상 브레이크를 채우지 말고 바퀴를 일직선으로 맞춰 두기를 바란다. 그래야 내 차에 막혀 있는 다른 운전자가 내 차를 밀어서 치울 수 있으니 말이다. 나와 보니 차가 원래 위치에서 살짝 벗어나 있다거나 생판 모르는 사람이 내 차를 밀고 있다고 해서 놀라지 말길 바란다. 차를 훔치려는 시도는 아닐 테니 말이다.

대부분의 도심에는 사이스라는 주차 관리인이 있는데, 이들은 소정의 요금을 받고 주차할 자리를 찾고 운전자가 그 자리에 맞춰 차를 댈 수 있도록 도와준다. 사이스에게 차 열쇠를 맡기면 사이드가 운전자를 대신해 주차할 자리를 찾아 주기도 한다. 모든 사이스가 국가 소속 공무원은 아니다. 배지를 착용한 사람도 있고, 식당이나 인기 있는 시설에서 고용한 사람도 있고, 프리랜서로 일하는 사람도 있지만, 이들이 공무원인지와는 무관하게 이집트인이라면 누구나 이들을 동등하게 대우한다.

【 교통사고 】

교통사고가 났는데 보험금을 청구하고 싶다면, 그 사고를 반드시 경찰서에 신고해야 한다. 보험이 적용되는 사람은 수가 적다. 보험이 없는 운전자가 서로 충돌하고 그 사고로 큰 부상이나 심각한 피해가 없으면, 이들 운전자는 공식적인 제도를 통하지 않고 그 자리에서 분쟁을 해결하는 편을 선호한다. 사회적 지위나 재산이 여기서 중요한 역할을 한다. 큰 피해가 생겼고 잘못을 저지른 쪽이 더 부유하다면(즉 더 좋은 차를 몬다면), 그 사람이 사고 비용을 부담할 가능성이 크다. 합의는 전적으로 운전자에게 달렸다. 별다른 피해가 없으면 운전자는 차에서 내려 한바탕 떠들썩하게 난리를 치고선 각자 제 갈 길을 가는 경우가 아주 흔하다.

【 보행자 】

운전자만 북새통을 연출하는 건 아니다. 보행자도 여기에 한몫 단단히 한다. 매끈한 인도 따위는 실제로 없다고 봐야 한다. 이집트, 특히 카이로에서 거리를 걷는 일은 마치 작은 장애물 코스를 통과하는 것과 다름없다. 인도를 걷다가 보면 쓰레기와 주차된 차량이나 구멍이나 전선이 불쑥 나타나 통행을 방해한다. 외부에서는 발을 모두 덮는 실용적인 신발을 신고, 하이힐은 실내에서만 신는 게 좋다.

번잡스러운 도로를 건너는 일은 가장 어려운 일 중 하나일 텐데, 이집트를 처음 찾은 이들은 광장을 직접 건너기보다 택시를 타고 건넌다고들 한다. 교통경찰이 지키고 서 있지 않은 한 차량은 건널목을 무시한다. 도로를 가로질러 검은색과 흰색으로 그려진 건널목 표시는 실제로 보행자의 우선 통행권을 의미하지 않는다.

대담하고 필요하다면 아주 적극적으로 행동해야 한다. 차가 속도를 늦춰 주길 기다리다가는 길가에 한없이 서 있어야 할 수도 있다. 차가 너무 빠르게 다가온다 싶으면 도로 중간에 멈췄다가 그 차를 지나 보내고 다음 차선으로 이동하라. 머뭇거리면서 오락가락하다가는 넘어지기 십상이다. 이렇게 하는 게 너무 힘들다면 길을 건너려는 이집트인 무리를 찾아 그들과 함께 건너라. 그러다 보면, 마침내 실제로 어떻게 행동해야 할지 알게 될 것이다.

현지 교통편

대중교통은 주로 노동자나 학생층이 이용한다. 아마 다른 도시로 이동하는 경우를 제외하면 부유층이 대중교통을 이용하는 일은 드물다. 이집트인은 여행 중인 외국인에게 호기심이 많다. 외국인을 만나면 말을 걸고 나라 밖 세계에 관해 물어볼 기회로 삼는다. 말을 걸면 대답하는 게 예의 바른 행동이다. 흥미로운 대화가 이어지면 차 한 잔을 대접받을 수도 있다.

지하철과 트램

카이로에서 가장 빠른 이동 수단인 지하철 메트로는 오전 5시에서 다음 날 새벽 1시까지 운행된다. 라마단 기간에는 막차가 새벽 2시까지 운행된다. 메트로는 가장 싸고 빠른 이동 수단이다. 메트로는 1부터 3까지 번호가 매겨진 3개 노선으로, 운행하는 역은 총 74개다. 메트로는 깨끗하고 효율적이다. 모든 역에서 푸른색 표지는 여성전용칸의 위치를 가리킨다. 물론 여성은 모든 칸을 자유롭게 이용할 수 있다.

카이로 메트로의 여성전용칸

    카이로와 알렉산드리아에는 모두 트램 노선이 있다. 카이로에서는 북서부 헬리오폴리스 구역에만 한정해 운행되지만, 알렉산드리아에서는 노선망이 더 광범위하다. 트램은 특히 도로가 교통 혼잡으로 꽉 막혔을 때 도시를 돌아다니기에 매우 효율적이고 믿을 만하며 저렴한 수단이다.

【 시내버스 】

표준 크기의 시내버스는 주요 도시라면 어느 곳에서나 이용할 수 있지만, 주로 현지 주민이 이용한다.

마이크로버스

가장 많이 이용되는 버스는 마이크로버스인데, 대략 14인승으로 노선과 요금은 미리 정해져 있다. 하지만 시내뿐만 아니라 시외로도 운행하기 때문에 여기에 익숙하지 않은 외국인이 이 버스를 대체 어떻게 이용해야 하는지 정확히 파악하기란 쉽지 않다. 보통은 문 앞에 있는 사람이 목적지를 외치는데, 이 사람이 요금을 받기도 한다. 문 앞에 아무도 없으면 요금을 앞으로 전달하는 게 관례인데 앞좌석에 앉은 승객이 차장 역할을 한다. 원하는 곳에서 타고 내릴 수 있다. 버스 노선이라면 어디서나 불러 세워서 타면 된다.

　마이크로버스 운전사는 난폭 운전으로 악명이 자자하니 편안한 승차감은 기대하지 않는 편이 좋다.

【 미니버스 】

마이크로버스보다 작은 12인승 미니버스는 대도시의 출퇴근 혼잡 시간대에 사람으로 크게 붐빌 수 있으며, 교통 체증을 제외하면 완전히 멈추는 일은 거의 없다. 승객이 꽉 차 있어서 몸을 움직일 공간도 거의 없다. 소매치기 위험도 있다.

오후 러시아워 때 미니버스에 탑승하는 승객들

주요 도시에는 에어컨이 장착된 미니버스 서비스도 있는데, 일반 버스보다 비싼 탓에 덜 붐비는 편이다. 입석은 허용되지 않으며, 좌석이 전부 채워진 후에야 버스가 움직인다.

【 택시와 우버 】

택시와 우버는 이동하기에 가장 편한 방법이다. 택시는 많이 있으며 요금은 우버와 같다. 택시는 거리 어디서나 불러 탈 수 있지만, 우버를 이용하려면 우버 앱으로 호출해야 한다. 최근 새롭게 흰색 택시가 도입되어 카이로의 옛 검은색과 흰색 택시(알렉산드리아는 노란색과 검은색)를 대체하고 있으며, 에어컨과 요금 미터기가 장착되어 있다. 미터기 덕분에 요금을 두고 흥정을 벌이는 번거로움이 사라졌다. 옛 택시도 여전히 운행 중이다.

일반적으로 미터기가 부착된 택시나 우버를 이용할 때는 팁을 요구하지 않지만, 요금을 반올림해서 받는 경우가 종종 있다. 가령 요금이 17 이집트 파운드였다면 아마 20 이집트 파운드를 내야 할 것이다. 주행거리에 따라 달라지겠지만 5 이집트 파운드 이상의 팁은 언제나 환영받는다.

택시 기사가 요금을 받지 않으려 할 수도 있는데, 이는 진짜 제안이라기보다는 예의상 해보는 행동으로 봐야 한다. 승객이 요금을 내겠다고 계속 고집을 부리고 난 다음에야 요금을 받는다. 이렇게 행동하는 이유는 아마 택시 기사가 부른 요금이 승객이 기꺼이 내려고 마음먹은 금액보다 적을 수 있기 때문일 것이다.

높은 실업률로 인해 교육받은 사람 중 많은 사람이 택시 기사로 일하면서 살아가고 있다. 일부는 기초적인 영어를 하고 간단한 방향 지시를 알아들을 수 있다. 특히 관광지에서 일하는 택시 기사의 외국어 구사 능력은 놀라울 정도다.

택시나 우버 기사는 대화, 특히 외국인과 대화하는 걸 좋아한다. 기사가 중요한 건물이나 기념물을 가리키면서 비공식적인 관광 가이드 노릇을 하는 일도 흔하다. 정치는 이들이 가장 좋아하는 주제이며, 종종 서양인 승객이 중동에 대한 자국의 외교 정책을 설명해주기를 기대하기도 한다. 선글라스를 쓰거나 휴대전화를 가지고 바쁘게 무엇인가를 하면 원치 않는 대화나 관심을 끊을 수 있으므로, 이런 대화에 어느 정도까지 참여할지는 승객에게 달렸다.

택시 기사가 출퇴근 시간대에 다른 승객을 합승시키는 일이 흔하지만, 외국인 승객이 탄 때는 그러기 쉽지 않다. 택시 기사가 다른 승객을 합승시키려는데 급한 상황이라면 다른 승객을 태우지 말아 달라거나 아니면 먼저 내려 달라고 요청할 수 있다.

여성은 항상 택시 뒷좌석에 앉아야 한다. 특히 혼자라면 더욱 그렇다. 택시 기사는 혼자 택시를 탄 낯선 여성이 자기 바로 옆 조수석에 앉으면 불편하게 생각하지만, 일행과 함께 탄 여성이 조수석에 앉는 상황은 흔쾌히 받아들인다.

자기 차량을 소유한 기사는 자기 차가 자신을 위한 세상 속 작은 공간이라고 생각하기에 온갖 노력을 기울여 자기 취

향에 맞게 꾸민다. 대시보드에 가족사진을 놓거나 거울에 종
교적 상징물을 걸어 놓는 경우가 대표적이다. 장난감 인형이나
작은 샹들리에를 걸어 두기도 한다.

택시 기사는 모두 휴대전화를 가지고 있다. 어떤 택시 기사
와 개인적인 친분을 쌓았다면, 약속 장소에 내려 주고 나중에
다시 태우러 오라고 약속을 잡을 수도 있다.

도시 간 여행

이집트 전역에서 도시 간 여행을 할 수 있는 다양한 선택지가
있으며, 이는 저렴한 여행을 즐기는 사람이나 고급 여행을 즐
기는 사람 모두에게 적합하다. 관광 경찰이 외국인을 불러 세
워 어디에서 왔고 어디로 가는지 물을 수 있다. 하지만 이는
일반적인 절차이므로 놀랄 필요는 없다. 관광객의 안전은 관
광 경찰의 책임이며 이들은 이 책임을 진지하게 받아들인다.

【 항공 여행 】
이집트에어를 비롯해 다양한 전세 항공사가 이집트 내 도시

와 이웃 국가 대부분을 연결하는 항공편을 운항하고 있다. 이집트 내에서 여행하는 데는 여권이 필요치 않으며 일반적으로 사진이 부착된 어떤 형태의 신분증이라도 괜찮다. 여권은 호텔 그리고 국제선 도착과 출발 시에 필요하다. 이집트에어의 항공요금은 다양하므로, 예약 담당자에게 현재 가장 저렴한 요금을 문의하거나 이집트에어 웹사이트에서 예약해보는 것이 좋다.

【버스】

다양한 버스 회사가 이집트 내 대부분의 도시와 마을을 연결한다. 목적지가 외진 곳이라면, 우선 버스를 타고 가장 가까운 주요 도시까지 가라. 그곳에서 할증 요금을 주고 목적지까지 자신을 태워다 줄 기사를 고용하라. 차표는 업체 웹사이트나 버스 터미널에서 구매할 수 있으며 때로는 버스 안에서 구매하기도 한다.

"에어컨 완비 고급 버스"라는 표현이 고급 여행을 보증하지 않는다. 안내 책자에서 그렇게 약속했더라도 말이다. 기껏해야 지정 좌석이 배정되고 차내 화장실이 비교적 깨끗한 편이고 도중에 세면실과 편의점 스낵 코너를 이용할 수 있다는 정도다. 기사에 따라 다르기는 하지만 오락거리 삼아 버스 앞쪽에 설치된 화면에서 시끄러운 이집트 영화를 틀어 준다거나 종교 음악을 들려주기 때문에 잠을 청하기는 어려울 수 있다. 이런 소음이 거슬린다고 생각되면 귀마개나 헤드폰을 착용하고 여행하는 방법도 있다.

어쩔 수 없이 에어컨 없는 버스를 타야 하는 때도 있지만, 이는 완전히 다른 경험이다. 좌석이 지정되어 있기는 하지만 함께 여행하는 무리나 때로는 일가족이 같이 앉고 싶어 하기도 한다. 사람과 소지품이 자리는 물론 허공까지 꽉 채우다 보니 여행 중에 적지 않은 소동이 벌어지기도 한다.

【기차】

이집트의 대부분이 그렇듯, 기차도 가격과 여행자의 유형에 따라 구분되어 있다. 직행열차는 요금이 비싸고 주로 관광객과 부유한 이집트인이 이용한다. 안락하고 에어컨이 완비된 일등 객실을 갖추고 있다. 이등석도 안락하기는 하지만 항상 에어컨이 완비되어 있지는 않다. 삼등석은 좌석이 푹신하지 않고 객실은 사람으로 북적이며 장거리 여행을 하기에는 불편할 수 있다.

알렉산드리아와 카이로를 잇는 고속철도가 도입되었다. 외국인은 미국 달러화로 차표를 구매해야 하며, 현지 통화로는 구매할 수 없다는 점에 유의해야 한다.

이집트 남부의 룩소르나 아스완 같은 곳에서는 침대차를 이용할 수 있다.

숙박

[호텔과 에어비앤비]

이집트는 모든 예산에 맞는 숙박시설을 갖추고 있다. 가격 흥정은 거의 불가능하고, 최고급 호텔이나 중급 호텔에서는 절대 불가능하다. 이집트인이 호텔에 숙박하려면 신분증이 필요하지만, 외국인은 반드시 여권을 제시해야 한다. 이성의 이집트인과 체크인하는 외국인은 결혼증명서를 제출해야 한다. 에어비앤비의 소유주는 일반적으로 이집트인이며, 위의 규칙은 여기에서도 마찬가지로 적용된다. 아주 많은 숙소 주인이 자기네 숙소는 가족 전용이라고 말하는데, 가족 전용이라는 말은 자녀를 동반한 부부를 뜻할 뿐이고, 결혼하지 않은 이집트인과 외국인 커플은 허용하지 않는다는 뜻을 은연중에 내비친다. 외국인 여성이 자신의 이집트인 남자 친구와 같은 방을 함께 쓸 가능성은 아주 작지만, 비슷한 상황에서 이집트인 여성은 거의 확실하게 허용되지 않는다. 실제로 이집트 여성은 방을 두 개 예약하려고 해도 그런 일이 의심을 불러일으키기 때문에 거절당할 수 있다. 호텔 경영진은 법을 위반해 커플에게 숙박을 제공한 사실이 밝혀졌을 때 이 문제를 해결하느라 당국과 거래하는 골치 아픈 일을 겪고 싶지 않을 뿐이다. 결혼하지 않은 남녀가 한 방을 같이 쓰는 것은 불법이기 때문에 이런 상황에 놓이지 않도록 주의하는 것이 가장 좋다.

【 아파트 】

대도시 지역에서 아파트를 찾는 일은 쉽다. 거주하고 싶은 지역을 정했으면, 평판이 좋은 부동산 중개인을 찾거나 아니면 마음에 드는 아파트 단지를 고른 다음에 그곳의 보와브를 찾으면 된다. 이들은 입주가 가능한 아파트를 알고 있으며 입주하려는 사람을 대신해서 가격 협상이 가능한 아파트를 소개해 줄 수 있다. 입주 계약이 체결되면 그에게 약간의 사례금을 주면 된다. 집주인도 세입자를 찾아 준 대가로 그에게 소정의 금액을 지급한다. 보와브와 좋은 관계를 맺어 두라. 나중에 필요한 일이 생길 테니 말이다. 가구가 비치된 아파트는 두 달 치의 보증금과 한 달 치의 집세를, 가구가 비치되지 않은 아파트는 한 달 치의 보증금과 집세를 선지급해야 한다.

아파트 입주에 동의하기에 앞서 주변 지역의 소음이 어느 정도인지를 알아 두는 게 현명하다. 이슬람 사원은 확성기로 해가 뜰 때부터 하루에 다섯 번 기도 시간을 알리는 방송을 내보낸다. 아름다운 경험일 수도 있겠지만 확성기에서 흘러나오는 소리를 침실에서 곧바로 듣고 싶지는 않을 수도 있다. 학교에서는 국가를 부르고 확성기로 일과를 간추려 방송한다. 대부분 여기에 익숙해지고 아침에 들려오는 소리에도 잠을 청할 수 있게 되면 현지인이 다 됐다고 생각하게 된다. 하지만 깊이 잠들지 못하는 사람이라면 이는 꼭 따져봐야 할 중요한 문제다.

가구가 딸린 아파트에서 가구가 마음에 들지 않는다면, 아파트가 깨끗한지 가전제품이 제대로 작동하는지 일반 전화는 잘 되는지에 주목하라. 집주인이 그 가구를 보관해줄 수 있다.

집주인은 법에 따라 지정된 관공서에 임대차 계약을 등록해야 한다. 양 당사자는 사본 2부에 서명하고 각자 사본 1부를 보관하고 관공서에서는 인장이 찍힌 사본을 보관한다. 분쟁이 발생했을 때 자신을 보호하기 위해서 합법적인 임대차 계약임을 주장하는 게 가장 좋지만, 임대차 계약에 따른 세금을 내지 않으려고 등록을 거절하는 집주인도 있다. 이럴 경우, 세입자에게는 구제책이라 할만한 것이 거의 없다.

임대 계약서에 서명하고 나서 서류에 기재된 임대료가 자신인 지급하겠다고 동의한 액수보다 낮더라도 놀라지 말길 바란다. 이는 집주인이 세금을 피하는 데 도움이 되지만 세입자에게는 아무 영향도 미치지 않는다. 하지만 임대 계약을 맺었다고 해서 그 계약 조건이 지켜진다는 뜻은 아니다. 특히 여름이 다가올 때까지 그 집에 여전히 거주하고 있는 때라면 더욱 그렇다. 알려진 바에 따르면 많은 집주인이 상황이 어려우니 임대 중인 아파트를 비워 달라고 간청한다고 한다. 하지만, 사실 이들은 여름철에 현재 받는 임대료의 두 배에서 세 배까지 벌 수 있다. 점유권을 둘러싼 드잡이는 불쾌한 방향으로 흘러갈 수 있고, 이때는 손해를 감수하고서라도 다른 곳으로 집을 옮기는 게 가장 좋은 방법이다.

건강

이집트를 여행하려고 백신을 접종할 필요는 없다. 하지만 이집트는 C형 간염 발병률이 높은 나라여서 이를 예방하려면 백신 접종을 권한다. 이 백신은 3회 접종해야 하므로 미리미리 준비하는 편이 좋다.

이집트에 머무는 동안 병에 걸릴 위험을 최소화하는 방법이 몇 가지 있다. 사회 기반 시설이 열악한 지역에서는 수돗물을 마시지 말고 병에 든 생수를 마셔라. 얼음이 들어가지 않은 음료를 주문하라. 노점에서 파는 덜 익힌 고기나 잘 알려지지 않은 식당에서 파는 고기는 피하라. 샐러드는 깨끗한 물로 잘 씻어야 한다. 길거리에서 샌드위치를 산다면 샐러드는 빼 달라고 분명히 밝혀라.

외국인은 나일강에서 물놀이를 피하는 편이 좋다. 나일강에는 빌하르츠 기생충이 서식하며, 이 기생충은 만성 질환인 주혈흡충증(작은 기생충이 혈관 속으로 파고드는 질병으로, 남미나 아프리카 일부 지역에서 흔하다 - 옮긴이)을 유발한다. 이 병에 걸리면 근육통, 설사, 고열, 구토, 기침과 혈뇨 등의 증상이 나타난다. 이 병은 약물로 치료할 수 있다.

이집트 의사는 잘 훈련되어 있지만 많은 공공 병원의 위생 상태는 의심스럽고 간호사는 전문적이지 않다. 응급 상황이 아니라면 개인 병원을 찾는 것이 가장 좋은 선택지다. 이런 병원은 대부분 환자가 오는 순서대로 진료하며 의사가 영어를 구사할 가능성이 크다. 유명 전문의의 진료를 받으려면 예약이 필수다. 사립 병원은 훌륭하며, 고도의 훈련을 거친 우수한 의료진과 잘 관리된 시설을 갖추고 있다.

안전

〔테러〕

관광 산업을 보호하기 위해 이집트 정부는 엄격한 조치를 단행하고 있으며, 이를 통해 관광 산업에 가해지는 위협을 최소화하려고 노력하고 있다. 모든 관광지나 호텔 입구에는 금속탐지기가 설치되어 있다. 외국인이 많이 찾는 장소에는 경찰이 배치되어 있으며, 사고 추가 예방을 위해 사복 경찰이 상주한다. 전 세계적으로 볼 때, 이집트는 반군의 공격에 취약한 다른 나라보다 더 큰 테러의 표적은 아니다. 시나이반도 북부 지역에서는 이 지역을 손쉬운 잠입 지점으로 여기는 테러리스트의 잠입을 막고자 철저한 경비와 순찰이 이루어진다.

【 범죄 】

국제적 기준으로 볼 때, 이집트는 안전한 국가다. 묻지마 폭력은 드물고 이집트를 찾은 이들은 종종 이곳이 돌아다니기에 얼마나 안전한지 이야기하곤 한다. 세계 각지의 다른 주요 관광지와 마찬가지로 소매치기를 비롯한 사소한 범죄는 늘 있다.

2011년 봉기 이후, 거리에서 경찰이 사라지면서 범죄가 일시적으로 증가하기도 했다. 강도와 차량 탈취가 증가했고, 특히 카이로 교외로 이어지는 고속도로에서 심각했다. 지금은 경찰력이 전면 가동되고 있지만, 대도시 대부분에서 기대되는 수준의 합당한 주의 정도는 기울이는 편이 현명하다.

시나이반도는 이집트에서 여전히 치안이 가장 불안한 지역이며 북부에는 무장 세력과 밀수꾼을 뿌리뽑기 위해서 강력한 군대가 주둔하고 있다.

호화로운 해변 휴양지 대부분이 몰려 있는 시나이반도 남부 해안은 별다른 영향을 받지는 않는다. 하지만 합당한 정도의 주의는 기울이는 편이 좋다는 점을 거듭 권고한다.

【여성】

보수적인 이집트 사회에서 외국인 여성은 오해를 사기 쉽다. 친근하게 접촉하는 행동은 유혹으로 해석되기도 하고, 밤에 남성을 동반하지 않고 홀로 외출하는 여성은 관심을 끌려고 그렇게 행동한다는 인상을 심어 주기도 한다. 이런 여러 이유로 외국인 여성은 길거리에서 원치 않는 관심을 받기도 한다. 이집트 여성 대부분은 공공장소에 나갈 때 단정하거나 보수적인 차림으로 옷을 입는다. 다리나 맨팔이나 가슴골을 드러내지 않으며, 추행을 당하지 않으려면 이집트 여성의 모범을 따르는 게 바람직하다. 노출이 있는 옷차림이 허용되는 서양식 식당에 가는 때라면 오가는 길에 큰 숄이나 코트를 착용하라. 이런 규칙을 지키면 불쾌한 경험을 완전히 없애지는 못하더라도 최소화하는 데 도움이 된다.

짜증을 불러오는 행동은 대부분 휘파람을 불거나 훔쳐보는 식이지만, 이런 행동이 몸을 더듬는 행위로까지 이어지면 이는 명백한 추행에 해당하므로 경찰에 신고해야 한다. 일부 안내서에서는 여성에게 뒤돌아서서 가해자에게 아랍어로 소리치라고 조언하지만, 이는 현명치 못한 행동이다. 이렇게 행동한다고 해서 누군가를 부끄럽게 만들어 그런 행동을 멈추게 하지도 못할뿐더러, 오히려 웃음을 불러일으켜 더 많은 추행으로 유발할 수 있다. 여성은 가해자와 대거리를 주고받으면 안 된다. 여성은 큰 소리로 주변의 주의를 끌어 가해자가 겁을 먹고 도망치도록 하거나 아니면 그 상황에서 벗어날 수 있다. 안타깝지만 가해자와 일대일로 대거리를 하는 것은 외국인 여성에게 전혀 승산이 없는 상황이다. 성추행은 외국인과 어울리는 데 익숙한 관광지의 휴양 시설이나 해변에서는 거의 일어나지 않는다.

비즈니스 현황

이집트는 사다트 대통령의 문호 개방 정책으로 자유 시장 경제를 향한 행보가 시작되었다. 2004년에 내각은 신속한 민영화, 관세 개혁, 은행 산업 자유화, 민간 기업 적극 장려를 비롯해 경제를 효율화하고 자율화하는 중요 조치를 단행했다. 자유화 조치는 여전히 진행 중이다.

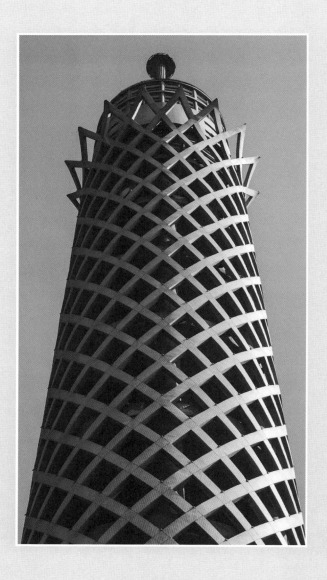

여러 해외 기업인은 이집트에서 현대 기술과 낡은 옛 사업 관행이 공존하는 모습을 보고선 종종 놀라움을 감추지 못한다. 관료제와 관료 집단으로 이뤄진 낡은 제도가, 점차 증가하고 있는 현대적 기업과 다국적 기업과 공존하고 있다.

사다트 대통령의 문호 개방 정책으로 자유 시장 경제를 향한 행보가 시작되었다. 2004년에 내각은 신속한 민영화, 관세 개혁, 은행 산업 자유화, 민간 기업 적극 장려를 비롯해 경제를 효율화하고 자율화하는 중요 조치를 단행했다. 자유화 조치는 여전히 진행 중이며, 법이 계속해서 개정되고 있으므로 최신 규정을 따라잡기 위해서는 현지 전문가에게 조언을 구하는 게 필수적이다. 정부 웹사이트에서도 최신 정보를 제공하고 있다.

대도시에는 훌륭한 비즈니스 시설이 있다. 주요 호텔의 비즈니스 센터와 시설은 위성 텔레비전, 팩스, 인쇄 장치, 무선 인터넷 등을 갖추고 있다.

일반적으로 이집트에서 비즈니스는 서양에서보다 느리게 진행된다. 전통적인 경영 방식은 하향식이며 회사 대표가 의사결정자 역할을 한다. 어떤 활동이든 신뢰가 가장 중요하며 인맥을 구축하고 개인적 친분을 다지는 데 시간이 걸린다.

비즈니스 환경

이집트의 비즈니스 환경은 다양하며 매우 빠르게 변화하고 있다. 여전히 정부 소유의 기관도 존재한다. 자녀나 형제자매가 대를 이어 가며 하는 일이나 사업 구조를 벗어나 자신이 개인적으로 선택한 분야로 이동하면서 가족 기업의 수는 줄어들고 있다. 입법을 통해 투자에 더 유리한 환경이 조성되면서 다국적 기업이 늘어나고 있다. 하지만 복잡한 외환 관리로 인해 외국 국민의 대금 결제는 해당 국가의 은행 계좌로 마련하는 것이 현명하다. 이집트에는 중소기업도 많다.

이집트에서 사업을 희망하는 외국인이 사업체를 설립하는 데는 세 가지 방법이 있다. 외국인은 유한책임회사나 유한회사나 주식회사를 설립할 수 있다. 아니면 대표 사무소나 지사를 설립할 수도 있다. 현지 파트너는 법으로 규정되어 있지는 않지만, 시장에 진출하고, 불필요한 요식행위를 타파하며, 얽히고 설킨 뇌물 문제를 풀어내는 데 도움을 줄 수 있다. 법에 따라 공공부문 기업에 입찰할 때는 반드시 현지 대리인을 통해야 하지만 국방부와 거래할 때는 그렇지 않다.

근무일

이슬람 성일인 금요일에는 모든 영업이 휴무다. 개인 기업은 일요일부터 목요일까지 주 5일 근무가 원칙이지만, 토요일까지 영업하는 기업도 많다. 근무 시간은 보통 오전 9시부터 오후 5시까지이지만, 규모가 작은 업체는 조금 늦게 시작해서 오후 7시나 8시까지 근무하기도 한다.

정부 부처와 관공서와 은행은 금요일에는 문을 열지 않는다. 정부 부문은 토요일부터 목요일까지 주 6일, 일반적으로 오전 8시부터 오후 2시까지 근무한다. 노동조합은 국가가 엄격히 통제하며 독립적인 노동조합운동이 여전히 개혁을 요구하며 운동을 벌이고 있다.

대사관도 금요일에는 문을 열지 않으며 일반적으로 토요일도 마찬가지다. 금요일에 휴무하는 회사가 토요일에 휴무하기도 한다. 일요일은 공식 휴무일은 아니지만 비정부기관이나 창고나 수공예 업체는 이날 영업을 하지 않을 수 있다. 업데이트가 이뤄지지 않을 수 있는 웹사이트 정보에 의존하지 말고 사전에 직접 전화를 걸어서 영업시간을 확인하라. 이발소나 미용실은 월요일에 문을 열지 않지만, 고객이 쉬는 날을 최대한 이용하려고 금요일부터 일요일까지는 영업을 계속한다.

관료제

불필요한 요식행위를 줄이기 위한 개혁에도 불구하고 이집트
는 관료주의가 팽배했던 과거에서 물려받은 관행으로 인해 여
전히 어려움을 겪고 있다. 이런 요식행위는 피할 수 없는 답답
한 삶의 한 단면으로, 은행에서 계좌를 개설하거나 근로 계약
을 체결하거나 비자를 연장하거나 외국인 거주증을 취득하는
등 모든 업무 처리 과정에서 맞닥뜨리게 된다.

특정 직업에 필요한 요건이 수시로 바뀌는 탓에 해당 업무
에 필요한 서류를 직접 처리하는 예비 고용주도 있지만, 지원
자 본인이 자신의 개인정보나 직업 관련 정보가 담긴 공식 사
본을 지참해 제출해야 한다. 이런 서류의 원본은 언제나 본인
이 직접 보관하는 게 좋다. 아파트 임대차 계약서, 은행 관련
서류나 자신의 근로 계약서 등 자신이 서명한 모든 서류의 사
본을 반드시 받아두어야 한다. 이집트인은 불필요한 요식행위
나 정부 부처에 길게 늘어선 줄을 요령껏 헤쳐 나간다. 줄 앞

에 끼어드는 일을 대수롭지 않게 여기고 누군가 짜증을 내더라도 그렇게 놀라지 않는다. 이집트 공무원의 분위기는 무관심함에서 퉁명스러움, 친절함까지 다양하리라 예상되지만, 어떤 경우라도 정중하게 대하면 비교적 협조적인 태도를 보일 것이다.

여행이나 투자, 또는 취업 목적으로 이집트를 방문할 때 무엇이 필요한지 정확히 확인하려면 미리 자국 주재 이집트 대사관을 방문하는 게 가장 좋다.

비즈니스 문화

비즈니스의 성공은 인맥에 크게 좌우된다. 새로운 사업을 시작하고 기존 계약이 원활히 진행되도록 하려면 좋은 인간관계와 신뢰가 필요하다. 좋은 관계는 대금을 제때 지급하고 약속을 존중하며 실수를 신속하게 수정할 수 있는 길을 열어준다. 인맥을 형성하는 일은 비즈니스 생활에서 필수적인 부분이며 사교 활동은 근무 시간 동안에 그리고 주중 근무일에 이뤄질 수 있다.

이집트에서는 일에 시간이 걸리기 때문에 이집트를 찾은 많은 외국인이 불편을 겪는다. 주요 의사 결정은 최고위층에서 내려지며, 하급자는 사업을 시작하고 그 후속 실행 계획을 맡아 처리한다. 이집트인에게 권한을 위임하는 일이 자연스럽지는 않다. 아랫사람과 접촉이 많아질수록 일이 진척되는 데는

• 시간은 돈이 아니다 •

어느 외국인 사업가가 개인 사업차 이집트를 찾았다. 이 외국인은 자신을 도울 이집트인 고문을 고용했다. 이 고문은 어느 이집트 사업가의 자택에서 두 사람 간의 만남을 주선했다. 모두가 자리에 앉았다.

그 이집트인 사업가는 실질적인 문제를 다루기 전에 일반적인 이야기를 나누면서 그 외국인 사업가와 가까워지고 싶었다. 이집트인 사업가는 차와 여러 간식거리를 내왔고, 이 자리를 위해 최고급 도자기를 사용했다. 하지만 이집트인 사업가의 시간을 뺏고 싶지 않았던 외국인 사업가는 이런 다과를 거절하고 곧장 사업 이야기로 들어가려 했다.

이 자리가 끝났을 때 외국인 사업가는 논의된 것이 하나도 없다는 점에 크게 실망했고, 이집트인 사업가는 상대가 자신이 베푼 환대를 무시했다고 느꼈다. 이집트인 사업가는 그 자리를 마련한 고문에게 전화를 걸어 그 외국인 사업가와는 더 이상 만남을 주선하지 말아 달라고 부탁했다.

시간이 더 오래 걸린다. 아래 직원이 각각 자기 윗사람으로부터 승낙을 기다리기 때문이다. 관료주의 또한 일을 더디게 만든다. 특히 정부 부처와 협의할 때는 더욱 그렇다.

이집트인이 일을 처리하는 속도를 이해하고 그런 속도를 거스르기보다 그에 맞춰 일하는 것이 일의 성패를 결정한다. 문제가 생기며 유일한 문제 해결 방법은 잠자코 기다리면서 인내심을 가지고 문제를 풀어 가는 것뿐이다. 짜증을 드러내 보이거나 최후통첩을 날려 봐야 악영향만 미칠 뿐이고 거래 자체가 완전히 끝날 수도 있다. 이집트인에게는 자기 이익보다 자존심이 먼저다. 자신이 모욕당하거나 무시당했다고 느끼면 차라리 협상을 중단하고 다른 사업 기회를 찾을 것이다.

불만을 제기할 때는 의사결정자, 일반적으로 사업의 소유주나 전무이사 같은 사람에게 직접 전달해야 한다. 아랫사람에게 주요 불만 사항을 백날 말해 봐야 윗사람 귀에는 들어가지도 않는다.

이집트 사업가가 영어를 할 줄 안다고 미리 짐작하면 안 된다. 대기업의 수장은 서구화된 부유층에 속하는 사람이 많아서 영어를 구사할 가능성이 높다. 중간 관리층이나 정부 관료의 경우에는 반드시 그렇지는 않기에 이미 현재 대리인을 두고 있는 경우가 아니라면 통역사를 찾아보는 것이 현명하다.

사업상의 '기름칠'

고위층 부패는 이집트 미디어에서 공공연하게 다뤄지는 문제이며, 이집트 정부는 정책을 통해 이런 부패를 척결하겠다고 천명했다. 저명한 기업인과 정부 관료가 부패에 연루된 혐의로 기소되어 감옥에 가기도 했다. 하지만 하위층에서는 부패가 만연해 있다. 다양한 형태로 이뤄지는 '기름칠'은 흔히 사업하려면 치러야 할 대가 정도로 치부된다. 이런 생각이 이집트의 상거래 구조에 깊숙이 뿌리내리고 있다. 뇌물과 부패는 중소기업에서, 그리고 공공부문이나 정부 부처와 거래를 진행할 때도 흔한 일이다. 비록 계약 상대방의 묵인하에 청구서 금액을 부풀려 적는 일은 있어도 민간 부문에서 뇌물 수수는 드물다. 다시 말해서 뇌물을 주면 이를 모욕으로 여길 직원이나 공무원이 많다는 소리다.

대기업이나 다국적 기업은 엄격한 행동 강령과 윤리 강령을 마련하고 있지만, 암묵적인 규칙을 따라야 하는 때도 있다 보니 크지 않은 뇌물은 눈감아 주거나 과도한 선물을 제공하는 일에 관여하기도 한다.

일반적으로 어떤 일을 풀어나가려면 면허, 승인, 허가를 줄줄이 받아야 한다. 이런 관료제의 관문에서 어떤 형태로든 뇌물이 오갈 것으로 예상해 볼 수 있다. 이런 수준에서 그리고 단기적으로는 관련자 모두가 뇌물을 주고받는 관행에서 이익을 얻는 것처럼 보인다. 서류 작업을 신속하게 처리해주는 대가로 급여가 낮은 공무원에게 추가로 현금을 제공한다고 변명하기도 한다. 실무자 쪽에서 보면, 특권을 누리는 기업 엘리트는 현금을 내놓을 여유가 있다고 생각하니 안 될 이유가 없지 않을까? 부족한 급여를 보충하려고 뇌물에 기대는 사람도 많지만, 뇌물을 그저 문화의 일부라고 생각하는 사람도 있다. 뇌물은 불법이고 적발되면 위반자에게 엄중한 처벌이 내려질 수 있으므로 뇌물 수수에는 관여하지 않는 것이 좋다.

이집트 표준 시간

이집트에서는 약속 대부분이 늦게 시작되며, 예측하기 어려운 교통 혼잡 때문에 약속에 늦는 경우가 많다. 물론 출퇴근 시간도 한몫하지만, 흔하게 발생하는 교통사고로 병목현상이 벌어지고 이런 지체를 해소하는 데 몇 시간이 걸리기도 한다. 고위 인사나 정부 고위 관료가 차로 이동할 때도, 이들이 이동하는 동안 도로를 차단하기 때문에 엄청난 교통 체증을 유발한다.

외국인은 시간을 잘 지킨다고 알려져 있고 또 그러리라고 기대된다. 그래서 이집트인은 외국인을 만날 때 시간을 지키기 위해 특별한 노력을 기울인다. 방문자는 시간에 맞춰 도착하려고 노력해야 하지만 상대방과의 만남이 정시에 이루어지리라고 기대하지 않는 편이 좋다. 약속 시간에 늦는다면 연락 담당자에게 전화를 걸어 그 사실을 알려 주는 게 예의다. 현실적으로, 시간 약속을 하루에 한 번이나 두 번으로 제한하는 편이 좋다.

비즈니스 예절

【존중】

비즈니스 환경에서는 지위와 연공서열이 특히 눈에 띈다. 처음에는 대부분의 의사소통이 격식을 갖추고 이루어진다. 상대방을 정확한 직함으로 부르는 것은 그런 격식을 존중하고 존경심을 내보이는 행동이다. 회의 전에 상대방의 정확한 직함을 확인하는 것이 중요하다. 가령 장관은 "각하"라는 호칭으로 불러야 한다. 박사 학위 소지자라면 "박사"로, 엔지니어라면 "엔지니어"라고 부르는 게 좋다. 이런 격식을 지키지 않으면 무례함이나 오만함으로 비칠 수 있으며, 이런 기미가 조금이라도 보이면 이집트인은 이를 극도로 싫어한다.

이집트인을 부를 때는 대부분 그 사람의 직함과 성을 함께 사용해야 한다. 가령 무함마드 하나피는 무함마드 "선생님"^{Ustaz}이나 무함마드 "박사님"^{Doktoor}으로 불러야 한다. 특히 서비스 분야나 관광업에 종사하는 일부 이집트인은 "미스터"라는 영어식 호칭을 쓰기도 해서 "미스터 무함마드"라고 불러도 좋다. 서면에서는 "무함마드 하나피 선생님"처럼 상대방의 직함과 이름 전체를 쓴다. 회의 전에 상대방의 이름을 영어로 어떻게 쓰는지 그리고 정확히 어떻게 발음하는지 알아 두면 좋다.

【 비즈니스 복장 】

비즈니스 복장과 관련해서, 방문객은 정숙함이라는 이집트의 기준에 맞춰야 한다. 남성은 공식 석상이나 첫 번째 회의라면 정장을 입고 넥타이를 착용해야 한다. 비공식적인 회의라면 셔츠와 깔끔한 바지 차림도 괜찮다. 하지만 청바지나 티셔츠는 절대 허용되지 않는다. 긴 머리나 피어싱, 그리고 결혼반지를 제외하고 눈에 띄는 다른 장신구는 전문적이지 않다는 인상을 심어 준다.

여성이라면 비즈니스 상황에서는 보수적인 차림을 하는 것이 좋다. 몸에 딱 달라붙는 옷이나 목 부분이 많이 파인 옷은 삼가는 것이 좋다. 치마는 앉았을 때 무릎 아래까지 내려오는 길이여야 한다. 바지 정장이 여러모로 가장 안전한 선택지다.

【명함】

명함은 비즈니스에 꼭 필요한 도구로서 가능하다면 모든 경우에 주고받는다. 이집트에서는 명함을 빠르고 저렴하게 인쇄할 수 있으며 영어와 아랍어를 함께 써서 명함을 제작하는 것도 센스 있는 방법이다.

【비즈니스용 선물】

선물은 연말에 주고받는 게 일상적이다. 선물은 업무상 친분이 있는 사람이나 선물하고 싶은 사람에게 준다. 자기 나라의 고급 문구류나 공예품이 선물로 적절하다. 너무 과한 선물은 상대에게 같은 가치의 선물을 되돌려 줘야 한다는 압박을 줄 수 있으므로 삼가는 게 좋다.

【회의】

회의를 예약할 때는 충분한 시간을 두고 예약한 다음 날짜가 가까워지면 최종적으로 확정하는 게 가장 좋다. 첫 회의는 매우 격식을 갖춘 행사로 보통 사업 장소에서 이뤄진다. 격식을 갖춘 복장과 격식을 갖춘 발언이 요구된다. 상대방이 달리 제안하지 않는 한 상대방을 직함과 성으로 불러야 한다.

이 정도의 격식을 차리기는 하지만, 회의는 또한 개인 사이에서 벌어지는 일이기도 해서 회의장에 들어서자마자 사업 이야기를 곧바로 꺼내는 것은 무례로 비친다. 첫 번째 회의도 차나 커피를 마시면서 문화나 역사나 스포츠에 관해 담소를 나누면서 시작한다. 종교나 정치, 아랍과 이스라엘 간의 분쟁 같은 주제는 삼가는 게 좋다. 몇 차례 접촉을 통해서 상대방과 어느 정도 친분이 쌓였다면 건강이나 가족에 관해 질문해도 괜찮다. 하지만 가족을 언급할 때는 뭉뚱그려서 이야기하고 아내나 딸을 구체적으로 짚어서 묻는 일은 삼가라.

프레젠테이션과 달리 회의에는 별다른 목적 없이 이 주제 저 주제를 가볍게 언급하고 넘어가는 식의 활기찬 대화가 뒤따른다. 요점 위주의 논의가 이루어질 수도 있지만, 이는 상황에 따라 달라진다. 회의가 산만하게 진행될 것이라고 예상하라. 수많은 방해 요소가 끼어들고 차를 마시고 또 더 많은 차를 마시게 된다. 집중력을 유지하고 주의를 흩트리는 요소를 무시하면서 인내심을 가져라. 이집트인은 말하기를 좋아하며 회의 자리를 빌려 자신이 개인적으로 이룬 일을 자랑스럽게 떠벌림으로써 깊은 인상을 심어 주려고 애쓴다. 걱정하지 않아도 된다. 이는 그저 비즈니스를 시작하는 유일한 방법일 뿐이다. 시계를 들여다보지 마라. 이런 행동은 무례로 여겨진다. 시간을 들여 상대방에 대해 알아 가라. 질문을 던지되, 개인적인 주제는 삼가라.

첫 번째 회의가 끝나면, 상대방에게 전화를 걸어 사업이 잘 진행되고 있음을 확인시키고 언제든 연락할 수 있는 채널을 열어 두고 상대방과 개인적인 대화를 하는 게 중요하다.

몇 차례 연락을 주고받다 보면 상대방이 회의 장소를 사무실에서 카페나 격식을 덜 차려도 되는 장소로 옮기자고 제안할 수도 있다. 이는 당신에 대한 신뢰가 한층 두터워졌고 친분이 쌓여가고 있음을 나타낸다.

순전히 비즈니스와 관련된 대화만을 나누고 회의를 끝내지 말고 시간을 몇 분 더 들여 사적인 대화를 나누라.

정부와의 거래

정부는 비즈니스 환경에 많은 통제권을 행사한다. 정부는 국가가 부분적으로 소유한 공사나 공기업의 이사회를 임명한다. 때로는 공개 입찰을 하지 않고 특정 기업을 지정해서 일을 맡기기도 한다. 민간 기업의 회장은 여러 정부 각료와 긴밀한 인맥을 형성하고 있다.

정부와 협상할 때는 최상층부에서 일을 거부할 수 있음을 유념하라. 투명성은 거의 찾아볼 수 없고 계약을 체결하기 전이라면 어느 단계에서든 자의적인 결정의 대상이 될 수 있다.

프레젠테이션

이집트인은 가만 앉아서 듣기만 하는 것보다 적극적으로 참여하는 것을 좋아하기 때문에 프레젠테이션보다 회의를 선호하는 경향이 있다. 하지만, 신기술과 신제품이 소개되면서 공식적인 프레젠테이션이 점점 일반화되고 있다. 실제로 프레젠테이션이 이뤄지면 그런 프레젠테이션을 매우 진지하게 받아들인다. 민간 부문에서 그 분위기는 방해 요소로 중단될 가능성이 없고 제한된 시간에 이뤄져야 하는 서구식 프레젠테이션과 다르지 않다.

그러나 정부나 전통적인 가족 사업과 거래할 때는 예전 방식이 여전히 적용된다. 중간에 전화가 걸려 오거나 문을 여닫거나 누군가 서명을 받을 서류를 가져오는 등 빈번하게 방해를 받기도 한다. 인내심을 가져라. 당신의 비즈니스가 중요치 않다는 뜻은 아니니 말이다. 이 문화에서는 한 번에 여러 가지 일을 처리한다.

상황에 따라 다르겠지만, 최고 의사결정자가 프레젠테이션에 참석하는 일은 드물다. 이는 얼마나 많은 비즈니스 기회를 회사에 가져오는지에 영향을 받기도 한다. 중간 관리자나 부서장이 참석하는 경우가 일반적이다. 5분에서 10분 정도를 할 애해서 자기를 소개하고 대화를 나눠라. 일단 프레젠테이션이 시작되면 개인적인 일화나 이야기나 농담은 피하라. 이집트인 이 서양식 유머에 늘 익숙한 건 아니기에, 외국인이 농담하면 농담한 그 사람이 당황하지 않도록 어쩔 수 없이 웃어야 한다. 프레젠테이션 상황에서 농담하면 어색함을 유발할 수 있다.

만약 회사의 대표가 참석하면, 격식을 차린 요소가 늘어나 고 프레젠테이션 자체는 짧아진다. 요점을 바로 이야기하라. 회사의 최고 책임자가 전화를 받으면 프레젠테이션을 잠시 중 단했다가 다시 준비되면 프레젠테이션을 계속 진행하라.

프레젠테이션에 쓰일 시간은 참석자가 누구인지에 따라 크 게 달라진다. 상급자가 많을수록 프레젠테이션 시간은 짧아진 다. 일반적으로 프레젠테이션은 15분에서 1시간 사이에서 진 행될 수 있다. 충분한 준비를 위해 얼마나 시간이 들지 미리 질문하는 것이 현명하다.

협상

협상할 때는 다음 두 가지 사항을 염두에 두는 게 중요하다. 첫째, 아랍어라는 언어와 그 문체는 매우 화려하고 표현이 다채로울뿐더러 과장된 표현으로 가득하다. '분명히'는 '아마도'를, '곧바로'는 '조만간'을 의미할 수도 있다. 때로는 말을 너무 곧이곧대로 받아들이지 않는 게 현명하다.

둘째, 많은 사람이 처음에는 어차피 퇴짜를 맞으리라고 예상하면서 가격을 부풀린다. 방문객이 주저하는 눈치가 보이면 이집트인 협상가는 곧바로 가격을 내릴 준비가 되어 있다. 방문자는 자기 가격을 부풀려 제안할 수 있어야 하고 또 언제든 그런 가격을 낮출 수 있어야 한다. 이는 기꺼이 융통성을 발휘하겠다는 태도를 보여 주며, 이집트인은 이런 융통성을 높이 평가한다. 협상 테이블을 떠날 때라도 그 협상이 완전히 끝났다고 생각하지 않는 편이 좋다. 비즈니스 관계를 계속 유지하기 위해서 꾸준히 연락을 이어 나갈지는 당신에게 달려 있다.

협상은 보통 중간 관리자가 맡는 게 일반적이다. 이들이 협상 결과를 고위 경영진에 전달하면 이들 경영진이 거래를 마무리하고 서명한다.

계약

이집트 민법은 이집트에서 민사 사건을 판단하는 최우선적인 근거다. 이 법은 대체로 프랑스 나폴레옹 법전에 그 뿌리를 두고 있다. 법에 상거래 조항이 규정되어 있기는 하지만 계약은 포괄적인 동시에 모든 세부 사항을 명시해야 한다. 계약의 형식은 상대적으로 우위에 있는 당사자가 정하는 게 보통이다. 계약서는 일반적으로 아랍어로 작성되며, 드물긴 하지만 다국적 기업에서는 영어로 작성되기도 한다. 법정 소송을 하려면 영어로 작성된 계약서를 아랍어로 번역해 공증받아야 한다.

서양에서와 마찬가지로 이집트에서도 계약에는 구속력이 있고 분쟁은 법정에서 해결된다. 하지만 법정 소송은 지루하게 진행되며 시간을 많이 잡아먹는 일이어서 모든 계약에는 중재 조항을 담는 게 바람직하다. 이집트 법원은 중재 조항을 존중한다. 중재는 국제적으로 인정된 일단의 규칙에 따라 진행될 수 있다.

직장 여성

관리직에 있는 여성은 진지하게 인정받으려고 여전히 힘겹게 싸우고 있다. 법으로는 직장에서 여성을 차별하지 않지만, 사회는 여성에게 주부가 우선이고 그다음에야 직업인이 되라고 압박을 가한다. 고위직 여성의 수가 늘어나고 있기는 하지만, 대기업에서 최종 의사 결정권을 가진 여성을 찾아보기란 매우 어렵다.

이집트 여성은 직업적으로 동등한 대우를 기대한다. 하지만 비즈니스를 하는 여성과 거래할 때 그 지침은 남성과 거래할 때의 지침과 천양지차이다. 친밀감을 내비치지 마라. 여성 동료를 저녁 식사에 초대하는 것은 사회 상규를 벗어나는 행동이다.

업무 공간

시내의 카페 대부분에서 인터넷과 와이파이를 이용할 수 있지만, 일부 카페에서는 손님이 자기 카페를 업무 공간으로 사용할 수 있는 시간을 제한하기도 한다. 어느 주요 도시든 업무를 처리해야 할 관광객을 위한 전용 업무 공간이 많이 있으며, 저렴하고 효율적이다.

친구 사귀기

이집트인은 친절하고 외국인 방문객에게 신경을 쓰지만, 상대방의 집에 초대받는 일은 거의 없다고 보면 된다. 집은 가까운 친구와 가족에게 할애된 가정의 영역이기 때문이다. 비즈니스를 위한 점심이나 저녁 자리에 배우자가 동석하는 일은 거의 없다.

사회적 분위기가 아무리 서구화되었다고 해도 이집트가 보수적인 사회라는 점을 잊지 말기 바란다. 술을 마시는 사업가도 있지만, 그 사실을 알지 못할 때는 상대방이 술을 권할 때까지 기다리는 편이 좋다.

이집트에서는 점심과 저녁 식사가 늦게 시작된다. 점심을 오후 5시에 먹기도 하고, 저녁을 밤 10시에 먹기도 한다. 함께 식사하면서 친분을 다지려면 사무실 밖에서 긴 시간을 보낼 각오를 하는 편이 좋다. 일반적으로 식사에 초대한 쪽에서 비용을 계산한다.

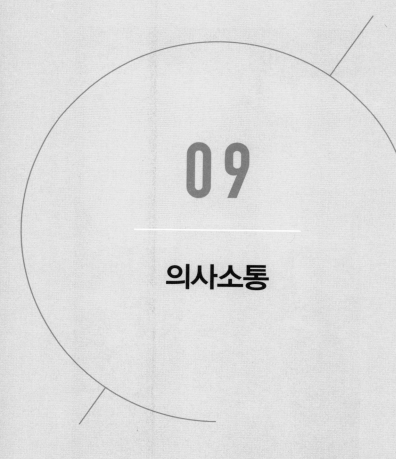

09

의사소통

이집트에서 교육받은 사람 대부분은 영어를 배우고 미국식이나 영국식 억양의 영어로 친구와 대화를 나눈다. 영어는 관광 분야에서 가장 널리 쓰이고 있는 언어다. 이집트 청년층에서는 점점 영어 단어와 마스리를 섞어 쓰는 일이 늘어나고 있다.

언어

오늘날 이집트에서 사용되는 언어에는 이 나라의 최근 과거가 반영되어 있다. 카이로나 알렉산드리아나 포트사이드 같은 도시에서는 아랍어와 영어, 아랍어와 프랑스어로 함께 써놓은 거리명을 흔히 볼 수 있다.

현대 표준 아랍어를 뜻하는 '알 아라비야 알 푸스하'는 정부와 미디어와 교육 분야에서 사용되는 공식 언어다. 이집트에서 사용되는 토착 아랍어는 마스리(이집트에서 사용되는 구어체 방언)로 현대 표준 아랍어 방언의 한 갈래다. 이집트인은 가정은 물론이고 친구와 매일 나누는 대화에서, 그리고 시장이나 상점에서 이 마스리를 쓴다.

그 밖의 지역 방언도 여럿 있는데, 이를 뭉뚱그려 '알 암미야'(일반) 아랍어라고 부른다. 사이디 아랍어는 이집트 남부 지역에서 주로 사용되는 구어다. 남쪽 끝의 나일강 계곡의 콤 옴보와 아스완 인근에 거주하는 이집트인 중에서 누비아 어족에 속하는 노빈어와 케누지어를 사용하는 사람이 거의 50만 명에 이르며, 시와 오아시스와 그 주변에 거주하는 이집트 베르베르인은 북아프리카 베르베르어의 한 갈래인 시위어를 쓰고 있다. 이집트 수화는 카이로와 알렉산드리아 같은 주요 도시에서 눈에 띈다.

이집트에서 교육받은 사람 대부분은 영어를 배우고 미국식이나 영국식 억양의 영어로 친구와 대화를 나눈다. 영어는 관광 분야에서 가장 널리 쓰이고 있는 언어다. 이집트 청년층에서는 점점 영어 단어와 마스리를 섞어 쓰는 일이 늘어나고 있다. 우표와 지폐는 영어와 아랍어로 인쇄된다.

이집트에는 아랍권에서 온 방문객이나 거주자가 많은 탓에 마스리와 리비아, 요르단, 사우디아라비아 등의 토착어를 구분하려 노력해도 쉽지 않다. 이런 방언은 나라마다 크게 다르다. 하지만 이집트 영화나 텔레비전 시리즈가 아랍 세계에서 큰 인기를 끌고 있어서 대부분의 아랍어 사용 국가에서는 이집트 방언을 알아들을 수 있다.

아랍어 사용 국가를 방문하고자 하는 많은 여행객은 이 모든 나라에서 통용되는 현대 표준 아랍어를 배운다. 이집트에는 현대 표준 아랍어^{MSA, Mordern Standard Arabic}와 이집트에서 사용하는 아랍어를 모두 제공하는 어학 과정이 있다. 일부 과정은 두 가지 모두를 포함한 맞춤형 패키지를 제공한다. 온라인 외국인 그룹에는 어학 수업과 아랍어 교사 목록이 있다. 대사관

역시 훌륭한 아랍어 교사에 대한 정보를 제공한다.

관광객이 자주 찾는 지역에서는 많은 사람이 기초적인 영어를 구사하며, 일부 외국인은 아랍어 한 마디 없이도 생활할 수 있다. 하지만 이집트인은 자국어를 사용하려고 애쓰는 사람의 노력을 따뜻하게 받아들인다. 실수해도 괜찮으며 이런 실수는 오히려 매력적인 것으로 여겨진다. 이집트인은 단 몇 마디라도 아랍어를 배우려고 노력한 외국인에게는 더 많은 예의를 보인다.

서구화된 상류층은 대체로 영어를 구사할 줄 알고 여기에 더해 프랑스까지 하는 사람도 많다. 실제로 어느 고급 카페든지 들어가서 들어 보면 손님이 아랍어와 영어를 섞은 어투로 한 문장에서 여러 언어를 오가며 대화하는 모습을 목격할 수 있다.

예의범절

이집트에서는 태도가 말보다 중요하다. 이집트인은 예의 바르며 예의범절이 모든 인간관계를 지배한다. 외국인이 이집트 사회에 진정으로 녹아들려면 이런 예의를 이해하고 그에 화답할 수 있어야 한다. 존중이야말로 예의범절의 핵심에 자리하고 있으며 정확한 호칭으로 사람을 부르고 지위와 나이에 따라 상급자나 연장자에게 존경을 보이는 것이 일반적인 기준이다.

이집트인은 천성적으로 남 돕기를 좋아한다. 무엇인가 요청을 받으면 반드시 그 요청을 들어줘야 한다. 심지어 요청이 없는 데도 그렇게 하는 경우가 있다. 가령 거리에서 방향을 물었는데, 어느새 사람이 모여들어 어느 길이 가장 좋은지 토론을 벌인 다음에 알려 주는 일도 있다.

이집트 남성은 여성에게 문을 열어 주거나 의자를 빼 주는 일을 해서는 안 된다. 이들이 여성에게 보이는 정중한 관심이라는 개념은 보호의 개념이다. 외국인 여성은 이집트인 남성 동반자가 자기 옆이 아니라 앞에서 걷는다고 기분 상해할 필요가 없다. 왜냐하면 그 남성은 외국인 여성을 군중으로부터 보호하려고 애쓰는 것이기 때문이다. 이집트인 남성은 저녁 외출 후에 여성 혼자서 자기 차로 걸어가거나 동반자도 없이 혼자 택시를 타고 집으로 돌아가는 것을 허락하지 않을 가능성이 크다.

이집트인은 공공장소에서 보수적인 행동을 보인다. 앞서 살펴봤듯 이성 간의 애정 표현은 금기시되며, 이는 주로 여성의 명예를 보호하기 위한 것이지만 서구화가 더욱 진행된 일부 부유한 지역의 젊은이 사이에서는 이런 애정 표현을 볼 수 있다. 공공장소에서 큰 소리로 감정을 표출하는 여성은 무례한 사람으로 치부된다. 동시에 두 남성이 길거리에서 포옹하며 입을 맞추거나 어떤 성적인 관계를 내비치지 않고 손을 잡고 거리를 걷는 모습을 흔히 볼 수 있다.

이집트인은 일반적으로 큰 소리로 말하는 데, 이는 힘의 표시로 여겨지며 부드럽게 이야기하면 주저하는 것이라고 여긴다. 이집트인은 말하면서 눈을 맞춘다. 이는 관심과 신뢰를 보여 준다. 눈을 마주치지 않는 사람은 믿을 수 없는 사람으로 여겨진다. 이런 단언은 목소리 크기에 한정되지만, 서양에서 긍정적으로 받아들여지는 직설적이고 솔직한 행동 같은 다른 형태의 행동은 공격적이고 무례한 행동으로 비친다. 사람을 잘 다루는 기술이야말로 효과적인 소통의 열쇠다.

대화할 때는 바른 자세가 중요하다. 구부정한 자세는 존중이 부족함을 보여 준다. 신발 밑바닥이 보이도록 발을 무엇인가에 올리거나 다리를 꼬는 자세는, 특히 연장자 앞에서는 매우 무례한 행동이다. 사람이 모여 있을 때는 자기 등을 누군가에게 보이는 건 무례한 행동이며, 이유가 무엇이든 부득이하게 그런 행동을 했다면 상대방에게 사과해야 한다.

이집트에서는 개인 공간에 대한 감각이 서양과 다르다. 이집트인은 서로 바짝 붙어 앉는 경향이 있고 신체가 서로 닿기도 한다. 하지만 이성과는 그렇지 않다. 뒷걸음질을 치면, 상대방에게 불쾌함을 주고 자신을 냉정하게 보이게 만든다. 따뜻한 태도가 중요하다. 손짓은 흔히 사용되며 종종 요점을 강조하기 위해서 사용되기도 한다.

미디어

이집트는 오랫동안 아랍 세계의 문화 수도라는 명성을 누려왔
다. 이 지역 최대의 출판사가 있는 곳이기도 하다. 이집트에서
가장 오래된 신문인 〈알 아흐람〉은 〈알 아크바르〉와 〈알 곰후
리아〉와 함께 3대 관영 신문으로 발행 부수가 가장 많다. 독립
신문도 여럿 있는데, 이 중에서 〈알 쇼루크〉와 〈알 마스리 알
요움〉은 발행 부수가 관영 신문에 비해 적지만 이집트의 의사
결정자 다수가 읽는 자유주의 성향의 신문이다. 이집트에서는

여러 주간 및 월간 신문과 잡지가 발행되고 있으며 가판대나 서점 어디서나 쉽게 구할 수 있다. 신문과 잡지는 모두 정부의 최고 언론 위원회의 심의를 받아야 한다.

최근 들어 아랍의 위성 텔레비전 방송사가 급성장하고 있다. 알 자지라와 알 아라비야가 중동지역 전체의 현안을 다루는 반면, ONTV나 드림 TV 같은 현지 방송사는 이집트 소식을 위주로 전한다.

무바라크 정권을 무너뜨린 혁명으로 잠시나마 미디어와 언론이 두려움 없는 모습을 보여 주기도 했지만, 여러 인권 단체는 표현의 자유를 다룬 법률을 제대로 적용하라고 압력을 가하고 있다.

각종 서비스

【전화】

이집트의 전화 서비스는 효율적이어서 세계 어디에서든 서양에서만큼 쉽게 전화할 수 있다. 전화번호를 문의하려면 유선전화나 휴대전화에서 140번을 누르면 된다.

휴대전화 네트워크는 유선, 광대역과 4G로 운영되며 이집트 전역에서 이용할 수 있다. 거의 모든 이집트인이 두 대까지는 아니더라도 휴대전화를 보유하고 있다. 현재 이집트에서는 보다폰, 에티살라트, 오렌지와 WE까지 4개의 휴대전화 네트워크가 서비스를 제공하고 있다. 여러 상점과 가판점에서 선불카드를 살 수 있다. 후불 회선도 이용할 수 있는데, 약간의 서류 작업이 필요하다.

공중전화는 거의 찾아보기 힘들다. 위급 상황이 생기면 거의 모든 이집트인이 전화를 걸 수 있도록 자기 휴대전화를 기꺼이 빌려줄 것이다.

【우편】
이집트의 우편제도는 그 시초가 4000년 전으로 거슬러 올라간다고 주장되기도 한다. 고대 이집트인은 왕국 전역으로 서신이나 물건을 전달하기 위해 집배원 제도를 활용했고, 심지어 토트(나중에 그리스 신인 헤르메스와 같은 신으로 여겨지기도 했던)라는 우편의 신을 섬기기도 했다.

현대 우편제도는 케디브 이스마일이 통치하던 1865년에 마련되었다. 알렉산드리아에서 최초의 우체국이 문을 열었고 이어 카이로와 포트사이드를 비롯한 주요 도시가 그 뒤를 이었다. 오늘날 우편 서비스는 이집트 통신 및 정보 기술부 산하의 이집트 우편청이 운영한다. 이 기관은 우편, 우표, 저축, 소포, 연금 지급 등 전통적인 사회 서비스와 우편 서비스를 비롯해 현재는 디지털 서비스까지 제공하고 있다.

이집트의 우편제도는 개발도상국에서 전형적으로 볼 수 있는 형태로, 우편물이나 소포가 도착하지 않는 일도 아주 적기는 하지만 벌어질 수 있다. 따라서 문서 등 중요한 물건을 보낼 때는 현지 우체국에서 등기 우편을 이용하는 게 가장 좋다. 모든 소포는 세관에서 개봉해 검사한다. 책은 불법 자료가 아닌지 확인을 거치며 CD는 의심스러운 물건 취급을 받는다. 소포에 들어 있는 물건이 분실되기도 하는데, 이는 해당 물건의 재판매 가격에 크게 좌우된다.

편지를 보내려면 주요 도시나 호텔에서 보내는 게 가장 좋다. 우표는 우체국이나 호텔에서 살 수 있다. 페덱스나 DHL 등 사설 택배회사의 서비스는 몇몇 도시에 한정되어 있으며 요금이 훨씬 비싸다.

우편물을 보낼 때는 이름, 아파트 호수나 주택 호수, 도로명에 이어 지역, 도시, 우편번호 다섯 자리를 적고 마지막으로 국가를 기재해야 한다.

【 인터넷 】

지난 20년 동안 이집트에서는 인터넷이 붐이 일어나면서 거의
모든 지역에서 인터넷에 접속할 수 있게 되었다. 가정에서는
전화선과 모뎀만 있으면 누구나 인터넷에 접속할 수 있다. 고
속 접속과 무료 무선 접속을 제공하는 카페도 많다. 보통 카페
에서 와이파이를 제공하면 표지판이 있다. 하지만 일부 카페
에서는 온라인 사용자 때문에 손님 회전율이 제한되므로 오후
2시(카페의 피크 타임) 이후 카페에서 와이파이 사용을 금지하는
곳이 점점 늘어나고 있다.

인터넷은 2011년 혁명에서 엄청난 역할을 했다. 무바라크
의 보안군이 철저히 감시하던 여러 활동가는 페이스북과 트위
터 같은 사회관계망을 통해서 조직을 구성하고 동원할 수 있
었다. 당국은 사회관계망의 규모에 놀라움을 금치 못했다. 무
바라크의 보안군은 활동가 조직에 대응하겠다고 자체 사이버
요원을 잠시 고용해서 민주화 운동가 진영과 온라인 전쟁을 벌
이기도 한다.

오늘날 사회관계망 웹사이트는 더 큰 소통의 자유라는 의

식을 심어 주었다.

【소셜 미디어】

소셜 미디어 사이트는 데이트에 대한 제약으로 온라인에서 편하게 사람을 사귀려는 청소년과 성인이 주로 사용한다. 페이스북, 트위터, 틱톡이 가장 인기 있는 사이트이지만, 셀카를 좋아하는 청소년 사이에서는 인스타그램이 가장 인기 있는 사이트일 것이다. 놀거리가 제한되어 있어서 해변으로 나들이하는 일은 사교를 위한 행사로 여겨지며 셀카는 이 순간을 포착한다.

【문자 메시지와 음성 통화】

문자 메시지에는 왓츠앱^{WhatsApp}이나 페이스북 메신저가 사용된다. 하지만 왓츠앱에서는 보안상의 문제로 음성 통화가 중단되는 일도 있어서 페이스북 메신저가 음성이나 영상 통화에 사용되는 최고의 플랫폼이다.

결론

외국인에게 이집트를 방문하는 일과 그곳에서 사는 일은 전혀
다른 경험이다. 이집트에 사는 일은 이집트인이 외국인을 따뜻
하게 받아들여 줄 때나 가능하다. 이집트인은 외국인을 따뜻
하게 맞이하고 친절하며 여유가 있다. 겉보기에 돈 많은 계층
의 생활 방식은 서양과 크게 다르지 않지만, 이집트 문화에 몇
몇 복잡 미묘한 측면이 있음을 이미 살펴본 바 있다.

이집트인 대부분은 매일 힘든 상황을 견디면서도 쾌활함을
잃지 않으며, 어려움을 겪더라도 유머와 선한 본성으로 다시
일어선다. 많은 사람이 고등교육을 받고 전문 지식을 얻을 수

있게 되었지만, 좋은 일자리는 여전히 와스타(인맥)가 있는 사람에게 돌아간다. 이집트인 대부분은 삶을 근근이 이어 가는 수준으로 생활하고 있으며, 이들의 가치는 저평가되기 일쑤이고 이들의 전문 지식은 제대로 인정받지 못한다. 기업 부문에서도 급여는 기본 생활비를 간신히 따라잡는 수준에 불과하다. 이집트에는 아직 개발되지 않은 엄청난 잠재력이 있으며, 많은 국민에게 영향을 미치는 빈곤을 해결할 방법을 찾아낼 수 있다면 과거의 위대함을 되찾을 수 있을 것이다.

이집트인은 겉으로는 소극적이고 숙명론적인 태도를 보인다. 이런 태도는 때때로 외국인에게 짜증을 불러일으키기도 하지만, 이는 유머와 미래에 대한 낙관적인 생각, 그리고 자기 삶에서 일어나는 모든 일은 좋든 나쁘든 알라의 뜻이라는 믿음으로 균형을 맞춘다. 이집트인은 좋은 관계를 소중히 여기고 친구에게 충실하며 방문객을 친절하게 맞이한다. 속담에서도 말한다.

"나일강의 물을 마신 사람이라면 누구든 반드시 돌아온다."

유용한 앱

이집트는 아프리카에서 인터넷에 가장 익숙한 나라 중 하나다. 온라인으로 거의 모든 것을 주문할 수 있고 휴대전화 앱을 통해 여러 서비스를 이용할 수 있다. 처음이라면 사용해 볼 만한, 가장 인기 있는 몇몇 앱을 소개한다.

[여행 및 교통]

승차 호출 서비스는 우버(Uber), 카림(Careem), 인드라이버(inDriver), 디디(Didi)를 이용하라. 미니버스를 함께 이용하려면 스위블(Swivl)을 이용하라. 여행 계획을 세우고 표를 사려면 모빌리티 카이로(Mobility Cairo)를 쓰고, 길 찾기는 구글 맵(Goodle Maps)을 쓰면 된다.

[음식 및 쇼핑]

일반 물품은 수크(Souq), 주미아(Jumia), 아마존(Amazon.eg)과 눈(Noon)에서 쇼핑하라. 잡화나 가정용품은 인스타숍(Instashop)에서 주문하고, 브레드패스트(Breadfast)에서는 이런 물품에 더해 갓 구운 빵을 배달해 준다. 고급 식자재는 고메(Gourmet)에서 찾을 수 있다. 식당 음식은 탈라바트(Talabat)와 엘메누스(Elmenus)를 통해 주문 배달할 수 있다.

[통신 및 은행]

심카드를 구입하고 요금제를 관리하려면 아나 보다폰(Ana Bodafone)과 마이오 렌지(MyOragne)를 이용하라. 요금은 인스타페이(InstaPay)와 마이 에티살라트(My Etisalat)로 지불한다.

[건강]

베지타(Vezeeta)를 사용해 진료나 의사의 가정 방문을 예약하라. 처방약과 일반 의약품은 요다위(Yodawy)와 셰파(Chefaa)를 통해 배달 주문할 수 있다.

참고문헌

Abdelmegiud, Ibrahim. *No One Sleeps in Alexandria*. Cairo: The American University in Cairo Press, 2007.

Alaswany, Alaa. *The Yacoubian Building*. London: HarperCollins, 2007.

Brier, Bob. *Egyptomania: Our Three Thousand Year Obsession with the Land of the Pharaohs*. New York: St. Martin's Press, 2013.

Durrell, Lawrence. *The Alexandria Quartet*. London: Faber & Faber, 2020.

El-Fiki, Shereen. *Sex and The Citadel: Intimate Life in a Changing Arab World*. London: Vintage, 2017.

Lane, Edward William. *An Account of the Manners and Customs of the Modern Egyptians*. Cairo: The American University in Cairo Press, 2003 (facsimile of 5th edition, 1865).

Mahfouz, Naguib. *Palace Walk*. New York: Anchor, 2011 (reprint).

Manley, Bill. *The Penquin Historical Atlas of Ancient Egypt*. London/New York: Penguin, 1997.

Miles, Hugh. *Playing Cards in Cairo*. London: Abacus, 2011.

Osman, Tarek. *Egypt on the Brink. From Nasser to the Muslim Brotherhood*. New Haven, CT/London: Yale University Press, 2013.

Pinch, Geraldine. *Egyptian Mythology: A Guide to the Gods, Goddesses, and Traditions of Ancient Egypt*. Oxford: OUP, 2004.

Rodenbeck, Max. *Cairo: The City Victorious*. London: Vintage, 2000.

Shaw, Ian. *Ancient Egypt: A Very Short Introduction*. Oxford: OUP, 2021.

Tignor, Robert L. *Egypt: A Short History*. Princeton, NJ: Princeton University Press, 2011.

Verner, Miroslav. *The Pyramids: The Mystery, Culture, and Science of Egypt's Great Monuments*. New York: Grove Press, 2007.

Wilkinson, Toby. *The Nile: A Journey Downriver Through Egypt's Past and Present*. New York/London: Vintage, 2015.

지은이

이사벨라 모리스

이사벨라 모리스(Isabella Morris)는 수상 경력이 있는 남아프리카공화국 출신의 작가이자 영어 교사로 현재 알렉산드리아에 거주하면서 편집자와 대필 작가로 일하고 있다. 남아프리카공화국의 비트바테르스란트대학교에서 문학 석사학위를 취득하고 여행 작가이자 특별 기사 전문 기고자로 활동하면서 〈선데이 인디펜던트〉(The Sunday Independent)와 〈시티즌〉(The Citizen)에 기사를 기고하고 있다.

모리스는 레위니옹의 피통 드 라 푸르네즈 화산의 용암동굴을 탐험하기도 했고 말라위에서는 급류 래프팅을, 이집트 왕가의 계곡에서는 열기구를 타는 모험을 경험했다. 현재는 알렉산드리아의 절벽 도로를 산책하고 오래된 건물을 스케치하거나 사람으로 북적거리는 만셰야 지구에서 사람들을 구경하면서 여가 시간을 보내고 있다. 단편소설집 『우리가 감히 말하지 못한 것』(What We Dare Not Say) 등 여러 저서가 있다.

옮긴이

김익성

경희대학교 행정학과를 졸업하고 같은 대학원 행정학과 석사과정을 수료했다. 항공사와 콘텐츠 개발회사에서 일하다가, 현재는 번역에이전시 엔터스코리아에서 전문 번역가로 활동 중이다. 주요 역서로는 『아리스토텔레스의 인생 수업』, 『필터월드: 알고리즘이 찍어내는 똑같은 세상』, 『결국 원하는 것을 얻는 사람들의 비밀: 예일대 최고의 인기 강의로 배우는 영향력의 규칙』, 『프레스턴, 더나은 경제를 상상하다: 쇠퇴한 지방 도시에서 영국 최고의 도시로 거듭난 프레스턴 이야기』, 『스마트 시티(공역)(출간 예정)』 등이 있다.

세계 문화 여행 시리즈

세계 문화 여행_그리스 (개정판)

콘스타인 부르하이어 지음 | 임소연 옮김 | 260쪽

세계 문화 여행_네덜란드

세릴 버클랜드 지음 | 임소연 옮김 | 226쪽

세계 문화 여행_노르웨이

린다 마치, 마고 메이어 지음 | 이윤정 옮김 | 228쪽

세계 문화 여행_뉴질랜드 (개정판)

수 버틀러, 릴야나 오르톨야-베어드 지음 | 박수철 옮김 | 232쪽

세계 문화 여행_덴마크

마크 살몬 지음 | 허보미 옮김 | 206쪽

세계 문화 여행_독일

배리 토말린 지음 | 박수철 옮김 | 242쪽

세계 문화 여행_라오스

나다 마타스 런퀴스트 지음 | 오정민 옮김 | 236쪽

세계 문화 여행_러시아

안나 킹, 그레이스 커디히 지음 | 이현숙 옮김 | 266쪽

세계 문화 여행_멕시코 (개정판)

러셀 매딕스 지음 | 이정아 옮김 | 266쪽

세계 문화 여행_모로코

질리안 요크 지음 | 정혜영 옮김 | 218쪽

세계 문화 여행_몽골

앨런 샌더스 지음 | 김수진 옮김 | 268쪽

세계 문화 여행_미국

앨런 비치, 지나 티그 지음 | 이수진 옮김 | 276쪽

세계 문화 여행_베트남 (개정판)

제프리 머레이 지음 | 정용숙 옮김 | 242쪽

세계 문화 여행_벨기에

버나뎃 마리아 바르가 지음 | 심태은 옮김 | 242쪽

세계 문화 여행_불가리아

줄리아나 츠베트코바 지음 | 금미옥 옮김 | 248쪽

세계 문화 여행_브리튼

사라 리치스 지음 | 심태은 옮김 | 260쪽

세계 문화 여행_사우디아라비아

세릴 오발 지음 | 이주현 옮김 | 254쪽

세계 문화 여행_스웨덴

닐 시플리 지음 | 정혜영 옮김 | 250쪽

세계 문화 여행_스위스 (개정판)

켄들 헌터 지음 | 박수철 옮김 | 238쪽

세계 문화 여행_스페인 (개정판)

메리언 미니, 벨렌 아과도 비게르 지음 | 김수진 옮김 | 274쪽

세계 문화 여행_싱가포르

앤절라 밀리건, 트리시아 부트 지음 | 조유미 옮김 | 210쪽

세계 문화 여행_아랍에미리트

제시카 힐, 존 월시 지음 | 조유미 옮김 | 208쪽

세계의 풍습과 문화가 궁금한 이들을 위한 **필수 안내서**

세계 문화 여행_아이슬란드

토르게이어 프레이르 스베인손 지음 | 권은현 옮김 | 228쪽

세계 문화 여행_에티오피아

세라 하워드 지음 | 김경애 옮김 | 264쪽

세계 문화 여행_오스트리아

피터 기에러 지음 | 임소연 옮김 | 232쪽

세계 문화 여행_이스라엘 (개정판)

제프리 게리, 메리언 르보 지음 | 이정아 옮김 | 248쪽

세계 문화 여행_이탈리아 (개정판)

배리 토말린 지음 | 임소연 옮김 | 272쪽

세계 문화 여행_인도

베키 스티븐 지음 | 김보미 옮김 | 278쪽

세계 문화 여행_일본 (개정판)

폴 노버리 지음 | 윤영 옮김 | 230쪽

세계 문화 여행_중국 (개정판)

케이시 플라워 외 지음 | 임소연 외 옮김 | 266쪽

세계 문화 여행_체코

케반 보글러 지음 | 심태은 옮김 | 258쪽

세계 문화 여행_캐나다

다이앤 르미유, 줄리아나 츠베트코바 지음 | 심태은 옮김 | 252쪽

세계 문화 여행_쿠바

맨디 맥도날드, 러셀 매딕스 지음 | 임소연 옮김 | 254쪽

세계 문화 여행_태국

J. 로더레이 지음 | 김문주 옮김 | 254쪽

세계 문화 여행_튀르키예

샬럿 맥퍼슨 지음 | 박수철 옮김 | 268쪽

세계 문화 여행_포르투갈 (개정판)

샌디 핀토 바스토 지음 | 이정아 옮김 | 240쪽

세계 문화 여행_폴란드

그레고리 알렌, 막달레나 립스카 지음 | 이민철 옮김 | 240쪽

세계 문화 여행_프랑스

배리 토말린 지음 | 김경애 옮김 | 252쪽

세계 문화 여행_핀란드

테르투 레니, 엘레나 배럿 지음 | 권은현 옮김 | 236쪽

세계 문화 여행_필리핀

그레이엄 콜린 존스 외 지음 | 한성희 옮김 | 244쪽

세계 문화 여행_헝가리 (개정판)

브라이언 맥린, 케스터 에디 지음 | 박수철 옮김 | 260쪽

세계 문화 여행_홍콩

클레어 비커스, 비키 챈 지음 | 윤영 옮김 | 232쪽